わが子に帝王学を

堀川たかし

明窓出版

はじめに

お父さんお母さん、あなたは自分の子どもの教育について自信を持っていますか？子どもを将来立派な人物に育てていく自信がありますか？

立派な人物というのは、なにも出世した人とか偉い人という意味ではありません。わたくしたちは、本質的にしっかりと自分自身をコントロールすることができ、人とも自分ともうまく付き合っていける人、そのような人を立派な人物と考えています。

「それならば自分の子どもをそういう人物に育てるためには、どうすればいいのだろう。子どもにどう関わり、どんな教育をしていけばいいのだろう」

実は、それはわたくしたち自身への問いかけでもありました。わたくしたちは企業の経営者などをメンバーとして構成する「盛徳塾《せいとくじゅく》」という勉強会をつくっており、著者を講師に定期的に「修斉会《しゅうせいかい》」と呼ぶ研修を行っています。その修斉会で数年前から取り組んできたのが、子どもの教育問題です。

さまざまな子どもの問題を勉強していく中で出てきたのが、「子どもたちをきちんと教え育てるためには、まず自分自身を高めていく必要がある」ということでした。そして、われわれが自分たちを高め修養するベースとして選んだのが儒学《じゅがく》です。

儒学《じゅがく》などといえば、いかにも古くさいと思われるかもしれません。たしかに三千年の歴史を有する儒学《じゅがく》は人類最古の教えのひとつです。しかし、そこに盛り込まれている思想は古びているどころか、現在でも十分に通用するものです。むしろ人として生きていくうえで、今こそ必要な道しるべ、処世術《しょせいじゅつ》がそこにあるともいえるでしょう。

また、儒学《じゅがく》の教えの一部は「帝王学」とも呼ばれ、昔の王たちが国家を良く統治するため、また王としてふさわしい人物になるための必須の学問として研究されてきました。その帝王学は、企業経営者であるわたくしたちにとって実に示唆に富んでいます。著者によれば、その帝王学の代表的なテキストが「四書五経《ししょごきょう》」であり、さらにその全体の骨格となっているのが「大学」だということでした。


そこで、子どもの教育のために、またわたくしたち自身の修養《しゅうよう》のために、「大学」、そして「大学」を学ぶための実践的な手引書として「小学」を第一歩のテキストとして選択したのです。しかし、「大学」といい「小学」といい、一般に出回っているものは難しいものばかりでしたので、それをまず著者に平易なことばで解説していただくところからスタートしました。

学べば学ぶほど、そこには現代の荒廃《こうはい》した学校教育、家庭教育のあるべき理想の姿が見えてきました。先生と生徒、親と子、夫と妻、あらゆる人と人との関係が軋《きし》んでいるいまこそ、共通のベースとしなければいけない心構えがここにありました。

そして、自分たちの子どもの教育だけでなく、これは広く世に発信すべきという明窓出版のご協力を得て、修斉会《しゅうせいかい》の研修記録をまとめたものが本書です。ここから、あなたの子どもの教育に何らかのヒントを得ていただければ、これに勝る幸せはありません。

盛徳塾《せいとくじゅく》 修斉会《しゅうせいかい》「わが子に帝王学を」編集委員会一同

目次

小学入門

大学入門

どんな子供にすれば良いのか

子供に期待すること

自分の子供をどんな人物にしたいかということは、それぞれの子供の両親がよく相談し、子供の適性を考えながら決めていけば良いことです。

しかし親として、この子供がわが子として生まれてきたからには、最低限このくらいのことは身につけていて欲しいという思いはあることでしょう。

少なくとも次にあげる三つは、それぞれ立場は異なっても、親として子供に期待する共通の思いでしょうし、子供としてもこれを習得し実践しなければいけないことではないでしょうか。

一、徳性に関すること。

人間として生きるということは、自分自身とどのように向き合い、他人とどのように係わっていくかということです。自分と他人との間で自分自身をうまくコントロールし、自分とも他人ともうまくやっていける素地《そじ》を身につけること。ここが大切なポイントです。そのために、

①どういう状況にあっても、自分とうまく付き合っていくことができるような子供でなければいけません。つまり、
◇子供自身が、自分が周囲にとって価値ある存在だということを自覚できること。
◇正しい倫理感にもとづいた正義の基準を持ち、何が正しいことで、何が間違っていることなのかを自分で判断できること。
◇自分にとってどんなことが価値あることで、自分は今何をすべきなのかというような、自分自身の明確な価値観と、目標意識を持てること。
◇情操《じょうそう》が豊かであること。
②自分以外の人たちとの係わり合いの中で、親、子、妻、兄弟姉妹、親戚、先生、上司、部下、その他の人達、また将来にわたって自分と係わりを持つであろう人たちと、どう向き合い、どううまく付き合っていくか。そのための能力と雅量《がりょう》を身につけること。
③そして、自分自身をコントロールしていく能力。具体的には、
◇情報収集と状況判断の為に、人の話を素直に聞けること。
◇自分自身がやろうと思うことを自律的なモチベーションを持って実行できること。
◇腹がすわっていて、どんな場面でも必要以上に動揺しないこと。
◇いやなことでもがまんして、耐えることができること。

二、知性に関すること。

人間は徳性に、みがかれた知性が加わってこそ、優れた人物として美しい花を開かせることができるのです。そのために

◇読み書き計算などの基礎的な知識を習得すること。
◇自分の興味のある学問を見つけその分野を研究すること。
◇どのような資格を得るのかを選択すること。
◇自分の望む学歴、程度を決めること。
◇将来の自分の職業と、社会的立場の選択ができること。

三、身体に関すること。

徳性と知性を実践するために、健康な体を作り上げる必要があります。そのために、

◇自分の体の健康を維持すること。
◇自分の運動能力をどの種類でどの程度の水準まで持っていくのかを決めること。

以上のような基本的なことを身につけた子供は、バランス感覚の優れた人物として、社会の中で協調を保つことができます。しかしこうした基本的なことを身につける機会に恵まれなかった子供たちは、成長過程でやがて必ず行き詰まり、伸び悩むことになります。特に、

徳性に関することをおろそかにしたまま成人すれば、大人になってから本人が苦しむばかりか、社会に対しても害にこそなれ、益になることはありません。

知性に関しても同じことがいえます。ただ義務として学校へ行かせ、帰宅してもまたすぐに塾へ行かせるというのでは、子供は学ぶことに興味を持てないばかりか、その弊害《へいがい》として、子供の知力そのものがいつか必ず行き詰まります。

勉強に行き詰まるだけで済むのならまだいいのです。子どもにとってこの時の、親に押し込められたという思いは抑圧となって蓄積します。そして、一般的な反抗期という時期ではなく、知識も、体力も、ある程度の生活力もついて、実力で親に反抗できる時期になると、一気に爆発し、親と一生涯《いっしょうがい》対立し続けるなどということがよくあるのです。

親は子どもに良かれと考えてやっていながら、子どもにとっては、生涯《しょうがい》、親と対立するほどの原因になってしまうこともあるということです。

「家《うち》ではそんなこと決してありません、塾には子どもが自分から希望していっているのですから」といわれる方がいます。塾に行かせている親のほとんどはこう弁解します。

もし子供が自分から進んで塾へ行っているというのなら、その理由と子どもの本音を、もう一度良く聞き、考えてみて欲しいのです。

子どもに残されている時間を有効に

心理学の分野での定説では、子どもの性格は、おおよそ三歳くらいまでに形成され、それ以降、たいした変化はないといわれています。この説によれば、仮に、三歳を過ぎた子どもの性格が良くないからといって、その子の性格を大きく変えようとしても、もはや手遅れだということになります。幸い良い性格であれば、これから先も大きくは変わらないということでひとまず安心ということになります。

知能形成には、三、四歳から十五、六歳くらいまでが、学問的な吸収力が旺盛《おうせい》で、その年代以降の何十倍もあることが確認されています。

現在の学制におきかえれば、幼稚園から中学生くらいまでがその年代にあたります。子どものこの大切な時期をどう有効に活用させるかということで、将来にわたってその子どもの能力の大半を決定づけてしまうことになります。

だから親は手遅れにならないように、注意深く、計画的に時間を使うことを心掛けてあげなければいけません。子どもに残されている時間はそれほど多くはないのですから。

たとえば、ここに小学校四年生の子どもがいるとしましょう。

この子は朝七時に起床、洗面をして食事、そのまま登校し授業を受ける。帰宅は五時、ちょっと一息いれると、六時には塾に出かけ、八時まで授業。八時半に帰宅し、遅い夕食を済ませ入浴。九時半過ぎには眠い目をこすりながら、学校と塾の宿題を一時間くらいかけてやる。就寝するのは十時半頃。

小学校時代からこんな時間の配分では、子どもが親とゆっくり話したり、子供自身がゆったりと落ち着く暇もありません。

そして、このような生活が正常であるはずがありません。塾と学校の勉強以外にも、部活やスポーツクラブなどに行っている子どももいます。これでは時間が制約されるばかりで、子どもはまるで総理大臣並みのタイムスケジュールを消化しなければならないということです。

どうでしょう、この大切な時期に、子どもに与えられたせっかくの時間を、もう少し有効に計画的に使うことを一緒に考えてみませんか。

学校から帰る時間が午後五時、就寝時間が十一時としましょう。食事と入浴で一時間。そのほかいろいろで一時間とすれば、残されているのは四時間です。現在四年生であれば十五歳までには後五年。ざっと数えて千八百二十五日です。それに四時間かければ七千三百時間、この七千三百時間をどう使うかということです。

七千三百時間というと多いように思えますが、実際はどうでしょうか。たとえば、一冊の本を読むのに四時間かかるとしましょう。すると中学校三年生を終了するまでに、千八百二十五冊しか読めないのです。

これは読書だけに限定した場合です。実際には読書だけに時間を費やすわけではありません。だからこそ有効に時間の配分をしなければいけないのです。

徳性の分野や知性の分野に、そして身体の分野にも上手に配分して、満遍《まんべん》なく時間を使うようにしていかなければ、人格的にどこかに偏《かたよ》って、なにかが欠落した大人ができあがってしまいます。

子どもを育ててください

子どもを育てているつもりが、実は何もしていないというのが現代の親の実体です。たとえば、あなたがこれから大輪の菊の花を育てるとしましょう。菊作りは初めてというあなたは、とりあえず専門家や詳しい人に尋ねたり、手引《てびき》書をよく読んで、それから始めるのではありませんか。そうした準備の後に土作りから始めて、肥料、水やり、温度管理、防虫剤散布、消毒、剪定《せんてい》と、そのたびに本で調べたり、人に聞いたり、相当な手間をかけて育てることと思います。

あなたは、この菊作りにそそぐほどの情熱で、注意深く子どもに応対しているでしょうか。朝晩の子供の世話はほどほど、勉強ばかりはやたらと口うるさい。こんなことはありませんか。

雑草などは放っておけばそれなりに育つでしょう。しかし、大輪の花を咲かせるには、やはりたいへんな思いをして育てなければいけないわけです。良い花はだいたい消毒でも、剪定《せんてい》でも、一度失敗すればそれで終わりです。水やりでさえも時期と量を間違えれば腐らせてしまいます。

ましては大切なわが子です。花を作ることの何倍も何十倍も注意を払わなければいけないのです。繊細な気配りと、愛情を持って接しなければ決していい子どもには育たないのです。だからわたしは、もっと子どもを育てるということに注意を払って欲しい思っているのです。いま、経済の問題や政治不信がさけばれていますが、それ以上に本質的に考えなければいけないことは家庭の崩壊《ほうかい》です。家族が愛情に包まれ仲良く、お互いに信じあい、尊敬し合うということを忘れると必ず家庭は崩壊《ほうかい》します。これは国が廃《すた》れる一番大きな原因です。もっとも家庭崩壊《ほうかい》に陥《おちい》っている家族が増え、すでに国が廃《すた》れ始めているのかもしれません。

そこで、このような問題を解決するために、子どもたちに良き師と良き友を探してあげなければいけないのです。

師（先生）と友人を探してあげること

子どもを育てるということに関していえば、親という立場は先生として適当ではないということがあります。なぜならば、親子という微妙な感情が作用するからです。これについては論語《ろんご》や孟子《もうし》などにも書かれています。

孟子離婁篇《もうしりろう》に次のようにあります。

公孫丑《こうそんちゅう》曰く、「君子《くんし》の子を教えざるは、なんぞや」。孟子《もうし》曰く、「勢《せい》行わざればなり。教うるものはかならず正をもってす。正をもってして行なわざれば、これに継ぐに怒りをもってす。これに継ぐに怒りをもってすれば、すなわちかえって夷《そこの》う。夫子われに教うるに正をもってするも、夫子いまだに正に出《い》でざるなり。すなわちこれ父子あい夷《そこの》うなり。父子あい夷《そこの》えば、すなわち悪し。古《いにしえ》は子を易《か》えてこれを教う。父子の間は善を責めず。善を責むればすなわち離《はな》る。離《はな》ればすなわち不祥《ふしょう》これより大なるはなし。

公孫丑《こうそんちゅう》という人が孟子《もうし》にたずねました。

「君子《くんし》は自分で自分の子どもを育てないといいますが、これはどういう理由からですか」

孟子《もうし》が答えていうには、「それが自然なことだからです。教える側としては、子どもを何とか立派にしたいと思って努力をします。ところが子どもが勉強に熱心でないと、ついつい腹を立ててどなったりしてしまうのです。しかし、腹を立てて子どもをどなれば、子どもを立派にするどころか、かえって子どもを傷つけてしまう結果になるのです。そして子どものほうは子どものほうで『お父さんはわたしに立派になれなんていっているくせに、自分だって立派だとはいえないじゃないか』と思うのです。これでは父と子がお互いに傷つけあってしまうことになります。親と子がお互いに傷つけあってよい結果が生まれるわけがないのです。だから昔は自分の子どもを人の子どもと交換して教えあったものなのです。

親子の間で道徳的なことを強く教えるのは良くないのです。なぜならば、それを強《し》いれば親子が仲違《なかたが》いするからなのです。親子の間の仲違《なかたが》いほど不幸なことはありません」と。

親と子の本質的なつながりは肉親としての愛情です。親子の関係はこの肉親の愛情によって成立しているわけですから、親が子に勉強や道徳的なことを強く教えるのは、肉親としての情愛や義理に反することになります。親が教育者の立場になると、どうしても子どもに口やかましくなります。それをわずらわしく感じた子どもは、親から離れていくことになるのです。

ならば、本来の親子のきずなを保ちながら、子供を教育していくためにはどうすればいいのでしょうか。

それは、子どもにできるだけ早く、良き先生と、良き友人を持たせることなのです。青年時代より少年時代、少年時代より幼年時代に、良き師と良き友人を持たせることが、その子どもの人間形成に大きな効果を与えることになるのです。良き師に学び、良い友人に磨かれるということはたいへん大切なことです。

しかし、現実には良き師にめぐり会い、良い友人を得るのは容易なことではありません。平生《へいぜい》から、良い本を読み、柔軟《じゅうなん》な心で周囲との係わり合いを持っていればこそ、良い縁にも恵まれるのです。そのためにも徳性を磨き、知識を豊かにする日常の努力を心がけていなければなりません。

師（先生）と友人を得ることの難しさ

現在では特に、この良き師、良き友人を得ることが難しくなってきています。学校の先生は、子どもにとって師というよりも、むしろ中途半端な友人と化してしまっています。先生自身も、教職自体を聖職として見られることを嫌い、一職員としての扱いを望んでいるようです。学校の先生に、師として子どもに接することを求めることができないとすれば、親は子どもを導いてくれる師をどこに求めればいいのでしょう。

子どもたちが学校の先生に次いで接触することの多い塾の先生に求めればいいのでしょうか。絵や習字、勉強や柔道、剣道などいろいろな塾がありますが、それらの中に果たして良き師となるべき人物はいるのでしょうか。多少商売気が入っていたとしても、技術的なことを教えながら、師として子どもの模範《もはん》になって接してくれるような人物がいてくれるのでしょうか。まったく心もとないことです。

学校の先生もだめ、塾の先生もだめだとしたら、後はどうやって良き師を求めれば良いのでしょう。

友人もまた同様です。現在では、お互いに影響を与えあうべき学友は、授業と授業の合間、つまり休憩時間程度の付き合いしか持つことができないのです。学友であっても、下校したら、お互いに遅くまで塾通いに明け暮れ、したがって本音で語り合うことはありません。下校の途中、町を探検したり、一緒に物を作ったり、宿題を教えたり教えてもらったり、遊んだり、議論したりという時間が、ほとんどないという状況の中で、真の友情が育《はぐく》まれるわけがありません。

大勢の中ですから、中にはある程度の会話をかわし合うような人がいるかもしれません。しかし、それは単に気の合う程度の仲間というようなもので、とても友人とよべるような存在ではないでしょう。

こういうことは、戦後の教育制度と先生がそうさせてしまったのです。その責任は重い。いまわたしたちが真剣に考えなければいけない一番の問題です。

はじめに

一、子どもたちが危ない。この国も危ない。

最近、青少年が起こす事件が多発しています。殺人、恐喝《きょうかつ》、リンチ、覚せい剤などのドラッグ、援助交際という名の売春、また思いもよらない事件さえ起っています。かつて、青少年の犯罪としては考えられなかったような凶悪な犯罪も少なくありません。教育現場でも、犯罪事件に至らないまでも、いじめや登校拒否、学級《がっきゅう》崩壊《ほうかい》など、十数年前と比べ、何かしら問題を抱えている子どもの比率が、格段に高くなっています。

子ども達を観察すると考えさせられることが多くあります。最近の子ども達に、「将来どんなことをしたい？」と質問すると、結構「あれをしたい、これをしたい」という答えが返ってきます。

しかし驚くべきことは、「苦労するのはいやだ」という子どもが多いことです。「将来の生活設計なんていっても、めんどくさいことをして一生懸命働くことはいや、気楽にフリーターにでもなってとりあえず生活できればいい」などと、ケロッとして答える子供も少なくありません。

もちろん、はっきりとした目標を持ってがんばっている子どもも多くいます。ところが、「どんな苦労をしてでも、どんなにつらい勉強をしなければならなくても、本当にこれをやりたい」というものを持っている子どもがほとんどいない。そればかりか「将来こんなことをしたい」という生活設計すら持っていないのです。とりあえず好きなことを好きなように、なんとなくやっている。現代はそんな子どもが増えています。


そしてこんな子ども達は、他人に対する思いやりにも欠けるようです。人が困っていても、一生懸命やっていても、自分には関係ない。思いやりに欠けるといいましたが、正しくは、もともと思いやるという気持ちがないのでしょう。だから、本来、他人を思いやらなければいけないような状況にあっても、それを自分の心に共感できないのです。

こんな子どもたちは、たとえば親にいろいろ面倒をかけて育ててもらっていながら、「そんなことをするのは親として当然で、特別感謝しなきゃいけないことじゃない」と思っています。もちろん、親がしてくれることに、ありがたいなどと思っていないわけです。

感謝の気持がないから、「少しは自分も手伝おう」という気も起きません。従って親の手伝いなんかするわけもないのです。

他人を思いやれないということも問題ですが、他人の目をまったく気にしないような子どもたちも多くなりました。

バスや電車の中など公衆の面前で平気で化粧《けしょう》をする、鏡をのぞく、ものを食べる。はなはだしいのは、電車の中やデパートや、道端などで、キスをしたり抱き合ったりする始末です。

もう一つ気になることは、子どもたちが、何か自分の気にさわることをいわれたりされたりすると、すぐ感情的になってわめき散らしたり、暴力的になったりすることです。つまり「キレル」子どもが多くなってきたことです。

上下関係の稀薄さもまた、気になるところです。

今の子どもたちにとって、先生や親は自分と対等な相手です。決して目上という対象ではありません。だからこそ親や先生に敬語を使って話さないのでしょう。もっとも敬語を知らないから使えないということもあるかもしれません。

そもそも先生や親を目上として尊敬しようという意識がないところへもってきて、子供達にとってこういうやからは偉くもないくせにいばって自分達を圧迫するにっくきやつらという位置付けですから、子供達は、その欠点を平気でほじくり出し、ばかにし、貶《おとし》めようとするわけです。

そして、それを注意すると、自分自身を反省するのではなく、感情的になり、相手に向かって「キレル」のです。こんな子供が多くなってしまいました。

わたしはホテルを利用することが多いのですが、十年位前から気になっていることがあります。特に一流といわれているホテルでよく体験することなのです。

それはフロント担当者のサービスの質が悪くなってきたことです。フロントマンは、確かにマニュアル通りの接客はしてくれているのですが、そこには、にじみ出てくるような人間らしい温かみや思いやりがぜんぜん感じられないのです。

こういうことがありました。

チェックインのときでした。フロントで、「食事の予約をしてくれませんか」と頼んだところ、フロントマンから、「食事の予約はレストランの方へお願いします」という答えが返ってきました。

サービス業であるホテルでの意外な対応にびっくりしましたが、そのホテルの接客マニュアルにはそうしなさいと書いてあったのかもしれません。

それはそれとしても、わたしは、客としてのわがままかもしれないと思いましたが、とにかくフロントマンに、「悪いけど、フロントからレストランへ電話して席の予約をしてくれませんか」と、再度要求したのです。すると、フロントマンはてきめんに不機嫌《ふきげん》な顔をしてにらむようにこちらを見るのです。

大人気《おとなげ》ないとは思いましたが、わたしもひくわけにはいきません。「Aクラスのホテルなのにその程度のサービスもできないのか！　ちょっと電話すればいいだけじゃないか、予約してくれるまでは一歩も引かないぞ」と、口ではいいませんでしたが、そういう顔をして、わたしは相手をにらみ返しました。すると、相手もこちらの剣幕《けんまく》を察知したのか、いやいやながらレストランへ電話して、席の予約をしてくれたのです。

こういうことは最近よくあることです。わたしの友人たちも似たような体験をよくするといいます。

これも最近の若い人の特徴なのでしょう。自分の職分《しょくぶん》をちょっとでも超える要請をすると、露骨《ろこつ》に嫌悪《けんお》感を示す。こんな若者が多いようです。その上、プライドや機嫌《きげん》をそこねるようなことをいわれても、てきめんにいやな顔をするようです。

ホテルだけではありません。大手航空会社のフロントでも、同じような思いをしたことがよくありました。共通することは、会社の接客マニュアルにないようなことを希望したり、相手のまちがいを指摘したりすると、いやな顔をするばかりか、主客転倒、どちらが客だかわからないような扱いを受けることになってしまうということです。

昨今の日本では、嫌な思いをしたくなければ、客であるこちらが一歩引いて、サービスを提供してくれるはずの相手を怒らせないよう気を使わなければならないのです。これも困ったことです。

こういうことは、国力の将来という面から見ても考えなければいけないことです。

つまり、日本経済発展の根幹になっている、お客様本位に対応する「心からの思いやり」、サービスという面が低下しているということで、心配なことです。

少し大げさにいえば、日本経済を支えるサービスの根本部分のラインが低下しているということなのですから。

以前は、韓国や中国へ出かけると、現在の日本に似た、自分本位なサービスを押しつけられることが多かったのです。そんな思いをする度に、「もうこんなところへは絶対こないぞ」とか「この航空会社の飛行機には絶対乗らないぞ」などとひそかに罵《ののし》って憤懣《ふんまん》を抑えていたものです。おそらくわたし以外にもそんな思いをされた方は多かったと思います。

ところが最近は、まったくそういうことがなくなりました。今では韓国や中国と、日本が逆転しつつあるような感じで、かえって韓国や中国の方が、いろいろとサービスに気を使ってくれて、むしろこちらが恐縮《きょうしゅく》するような場面さえあります。

いままでの日本は、サービス面では、どこの国にも負けないものがありました。だからこそ、今日の経済発展があったのだと思います。

最近、日本のサービス業界のやり方を見ていると、お隣の韓国や中国に負けているのではないかと感じます。もしそうであれば、「この国の将来はきっとあぶない」こう思わざるを得ないのです。一事《いちじ》が万事《ばんじ》に通ずるからです。

世界の人々から、「勤勉で思いやりがあってまじめに一生懸命働く」と評価されてきた日本人の良さが、若い人たちの行動によって失われつつあるとすれば、どうあっても日本の未来は暗いといわざるをえないのです。

なぜ、こんな日本の状況になってしまったのでしょうか。

※最近少年少女の犯罪が多い。いじめや登校拒否も多い。
※最近の若い人の傾向として、
目標意識の低下。
思いやり、相手に対する配慮《はいりょ》に欠け、サービスができない。
反抗的でキレやすい。
上下関係意識が低い。

二、なぜ、日本はこうなってしまったのか。

どうしてこんな状況をつくりだしてしまったのかということについては、原因は多々あると思いますし、また、それを簡単に特定することもできないでしょう。しかし、次にあげることは、その原因の大きなウエイトを占めているのではないでしょうか。

学歴優先の社会偏向が、学校教育を受験本位へと追いやり、子どもの将来を偏差値が決定する状況をつくりだしてしまった。学歴社会に勝ち抜いていくために、子どもたちは受験勉強に重点をおき、ひたすら知識を暗記する方法でしか学ぶことができなかった。子どもにとって大切な体験を通しての学習は無視され、偏差値を高めるためのマニュアルに従って知識を暗記していくという勉強が、子どもたちに自分の頭で考えることを放棄《ほうき》させてしまった。

本来学問というものは、本人自身の欲求によって行われるべきものです。もちろん「読み書きと簡単な計算」程度のことは、誰もが身につけなければいけないことでしょうが、それ以上の専門的なことは、その人にとっての必要性と興味に従って行えばいいことです。ところが、学校での偏差値重視の学習カリキュラムは、お役所が決めたマニュアル通りに子どもたちに押しつけられています。

もちろん「道徳」という教科も義務教育である小中学校の教育課程には入っています。しかしその成果は一向に見られません。週一回一時間の「道徳」の授業です。しかも通知表には評価されません。そこで道徳の時間は、学校行事や学級《がっきゅう》活動の時間に成り下がっているのです。

このような教育方針のなかでは、人間関係の大切さを学ぶことや情操《じょうそう》教育などは軽視されますから、子どもたちには情緒《じょうちょ》的なものを身につけたり、創造的な部分を発展させるという勉強が不足してしまうことになります。

「経済的に豊かになることが、幸せなことなのだ」という、物質優先の価値観が支配的なこと。

テレビのワイドショーなどを見ていて感じることですが、出演者が、なにかとお金に関係する話をしています。

どこそこの誰それは、ヒット商品を出してその売り上げが何億あったとか、だれそれは税金を何億払ったとか。あの人は良いもの着ているとか、どこそこのブランドの品を身につけているとか、あの人は豪邸《ごうてい》に住んでいてすごいとか。

もちろんそういうことばかりではないでしょうが、冷静に見ていると、話している内容がそういう方向にえらく偏《かたよ》っているように感じます。これはわたしたち貧乏人のひがみというようことだけではないように思います。影響力の大きいマスメディアを通して、こういう傾向で番組が製作され、放映されていれば、子どもたちに与える影響はたいへん大きいはずです。

その影響でしょうか。このごろの子どもたちは、やたらとお金を欲しがります。「お金がたくさんあったらどうしたいのか」と聞いても、たいしたものが欲しいわけではないのです。

二、三歳の幼児と等しく、とりあえず目にとまったもの、手に触れたものが欲しいだけなのです。

たとえば、女の子であれば、ちょっと目にとまった自分のお気に入りの「洋服が、化粧品《けしょう》が、靴が欲しい」ということなのです。

お金を使うときにも、計画性はまったくありません。手元に一万円あれば一万円使う。十万円あれば十万円分の服や化粧品《けしょう》などを買っているのです。

女の子たちが気に入ったものを追い求めているうちに、行きつくところは結局ブランド品ということになります。ブランド品はやはりデザインもいいし、品質もいい。だから「無理しても欲しい」ということで、最初はアルバイトをしたり、もらった小遣いをためたりして、ブランド品でもささやかなものを買うわけです。

それが病みつきになる第一歩です。手に入れてみればやはりブランド品はいいものです。また、より高価なものが欲しくなります。そのうち欲求はエスカレートし自分では抑えきれなくなっていきます。一種の麻薬中毒みたいなものです。

こうして買い癖がつき、欲求がエスカレートすれば、アルバイト程度の収入では買うことのできない高価な商品が、がまんできなくなります。こうなればてっとりばやく高額の収入になるアルバイトを考えるしかありません。お金になるからといって、万引きや風俗稼業《ふうぞくかぎょう》まではやりたくない。それなら手軽なところでということで、おっつけ援助交際という安易な行為に走ることになってしまうのです。

物質優先的価値観が染み付いてしまった少女たちは、最終的には自分の体さえ商品にしてしまうのです。買う方の男たちも、少女の体を商品としてお金を払って買う。まったく愚かしい行為ですが、このような価値観が染み付いてしまった少女たちは、売春行為を悪いことだと感じなくなっています。ここに問題の深刻さがあります。少女たちは、自分の体を商品におとしめることよりも、高価な品物に囲まれることの方が幸せなことだと錯覚しているのです。

社会全体に間違った平等意識がはびこっていること。

テレビの政治討論会をみていますと、若いアナウンサーが、大臣クラスの人物に、まったく対等な口調で質問している光景を目撃します。わたしたちの世代は、こういう光景を見ると、「かりにも一国の大臣職にある立場の人にそういう物言いはないだろう」と、思ってしまいます。

「出る杭は打たれる」という例えではありませんが、マスコミ全体に、上に立とうとするリーダがあらわれると、よってたかって中傷《ちゅうしょう》し、引きずり下ろそうという風潮《ふうちょう》があるようにも思えます。

子どもたちは、おそらくこういう風潮《ふうちょう》にも影響を受けていると思います。

学校でも、生徒が先生に向かって対等なことばで口をきく。当の先生は、そういう行為をどう感じているのかわかりませんが、わりあい平気で受け入れているようです。だから子どもたちは、これでいいと納得してしまうのです。

学校と家庭、塾を身近な社会として成長する子どもたちにとって、尊敬すべき先生が、対等で敬語を使わないでいい対象だというように錯覚すれば、子どもたちは目上を敬《うやま》うことも、敬語で話す経験もしないで大人になってしまうことになります。

こんな子どもたちが学校を卒業し、上下関係で成り立っている会社という組織へ就職すれば、人間関係でトラブルを起こすのは当然のことです。

会社でも、今の若者たちは、上司に注意されると露骨《ろこつ》に不快感をあらわにします。それに年長者や上司に向かっても、敬語を使うことも、相手を敬《うやま》って接することもじょうずではありません。

当然のことなのです。

現在の若者たちは、目上を敬《うやま》ったり、敬語を使って話をする必要のない平等世界で暮らしてきたわけですから。

若者たちは、自分たちが普通で、相手がおかしいと思っています。だから若い人と接してめんくらうのは、年長者や上司ということになっています。

若者たちがこのような平等観を持つことが、かならずしも悪いことなのかどうかはわかりません。問題は、子どもたちに、「人間はみな平等なのだから、それぞれの立場や状況にかかわらず、いつでも対等なのだ」というように感じさせてきてしまったことなのです。

人と人との係わり合いの中では、相手に礼節《れいせつ》を持って接しなければいけない場面が必ずあります。人として、「どのような場面で、どのように接するのか」。ここを自分で判断できる人間に育てることが大切なのです。相手を尊敬して接するということが、人間的に不平等だったり、相手に卑屈だったりすることにはならないはずですから。

また最近の親達は、子供が子供のうちから一人前の人間として扱うようなことをします。そして子供が要求することを大人から要求された時のような感覚で何でもやらせてしまう。また、子供の意見を一人前の大人がいっていることと同じように扱ってしまうものだから、子供に、「そんなことやりたくない」といわれて掃除《そうじ》も手伝いもさせないということがあります。

これではまったく親子ではなく、友達の関係です。

自分の布団の上げ下げまで親にさせる子どももいるようですが、そんなことでは、親子が友達関係というより、親子関係が逆転した主従関係としかいいようがありません。

子どもは大人の小型ではありません。子どもは子どもで未熟なのです。未熟なものは未熟なものとして扱わなければいけません。

子どもとしっかり向かい合わなければいけない親がこのような態度をとっているから、子どもが、礼儀も周囲に対する気遣いもできない人間に育ってしまうのです。

家庭でも学校でも、成績を上げるため何をおいても勉強第一で、朝起きればご飯はできている、弁当もできている。顔を洗って歯を磨いて、学校へ行って勉強して、帰るとすぐ塾へ行って、その間にお母さんが掃除《そうじ》や洗濯《せんたく》をしてあげて、帰ってきて夕食。お風呂のしたくもできているから、お風呂へ入って、またすぐ夜遅くまで勉強をする。毎日この繰り返し。

だから掃除《そうじ》も洗濯《せんたく》もしたことない、親の手伝いもしたことない。必要以外のことは、両親とも先生とも話したことがない。親も自主性を尊重して、何でも聞いてくれる。これがいまの子どもたちがおかれている実態ではないでしょうか。

先にあげた高級ホテルや、大手航空会社のフロントにいる若い人たちもきっとこうして育ってきたのではないかと思います。おそらく偏差値は高い人たちなのでしょう。偏差値が高いからこそ難関を突破し、一流企業に就職できたのでしょう。入社後の社員教育もそつなくこなし、マニュアル通りに接客できる優等生なのでしょう。

彼らは、親に身の回りの世話をさせるサービスを受けたことはあっても、親にそういうサービスをした経験のない子どもだったのです。ましてや、他人にサービスするなどということができるわけもありません。

そんな彼らでも、社員研修を繰り返し受ければ、サービスの形だけは身につけることはできるでしょう。でも底の部分、心の部分は、大人になってからではいくら教えようとしても、理解できないでしょうし、いくら教えようとしてもかなり難しいといわざるをえません。

子どもがこのような環境で育つと、

朝、何回も何回も起こしてもらえる。お母さんは自分だって眠くて起きたくない時でも、早く起きて、朝食や弁当の用意をしてくれる。

こんなありがたいことはないのに、それでもお母さんにありがたいという気持ちがおきなくなってしまいます。

なぜならこういう子供にとって、それはごく当然なことだからです。

ご飯の支度をしてあったり、弁当ができているのは、水道の蛇口をひねると水が出てくるくらい普通であたりまえのことなのです。

あたりまえのことだという感覚しかないから、ありがたいなんていう気持ちなんかおきるわけもなくなるのです。

間違った個人主義

「この人生は自分のものだから、自分の思うように生きればいい」という身勝手を許している世の中の風潮《ふうちょう》があります。

たしかに自分に与えられた人生は、どう生きようと自分のものです。人生という舞台で思い通りに主人公として活躍するのに、誰にはばかることもありません。

しかし、どんなにがんばってみたところで、人間は一人で生きていくことはできません。いやがおうでも、この世に生まれた瞬間から、社会の枠組みに取り込まれているのです。決して社会との係わりを無視して生きることはできないのです。

人間は、風土や文化、言語が異なる環境に育つことによって、価値観や人間性に違いが生まれます。自分の思いが大切であるように、異なった環境に育った人の違った価値観も大切にしなければいけません。

「自分の好きに人生を生きればいい」ということは、こういうことをしっかりと踏まえた上でのことでなければいけないのです。


テレビのワイドショー、ニュース、ドラマ、それに、コンピューターゲームのバーチャル空間による影響。


テレビなどのマスメディアの影響力にはすさまじいものがあります。

視覚に訴えるテレビの画面には、ワイドショーにしろドラマにしろ、不倫《ふりん》や別離《べつり》、殺人、暴行などの場面が日常的に出てきます。もちろんセックスシーンもあります。

フィクション、ノンフィクションを含め、一つのチャンネルに映し出される映像の中で、どれくらいの人が暴力を受けたり、殺されたりしているかわかりません。きっと十人や二十人ではないでしょう。男女のラブシーンや、不倫《ふりん》を写している場面もかなりの数です。

コンピューターゲームのバーチャル空間はもっとすごいものです。テレビからは、一方的に情報を受け取るだけですが、ゲームは、向き合っている当人自身が参加するのです。バーチャル空間とはいえ、実際に自分で相手に暴力をふるい、傷つけ殺すのです。こんなゲームばかりやっていれば、ごく普通の人間でも感覚が麻痺《まひ》してきます。

ましてや感受性の強い、吸収力の強い子どもたちであれば、想像を超えた影響を受けていることは疑う余地もありません。

それればかりではありません。

ドラマに出てくる登場人物は、みな美人やハンサムです。たとえ汚れ役であっても、すばらしい花を持った俳優さんです。まして主役や脇役はもっとハンサムできれいな人たちです。ここで空想と現実がこんがらがるのです。子どもたちの心は、「何が現実で何が空想の世界でのできごとなのか」という区別がつかなくなってしまいます。だから、自分を忘れたバーチャルの自分が、この現実の世界に空想の世界と同じようなものを求めることになります。

たとえば恋人です。

自分の現実を忘れて、人気俳優のような恋人を獲得しようと期待するのです。これは男女をとわずです。

だからなかなか「好きになれる人」ができないということになるのです。最近の若者は結婚が遅いといわれていますが、わたしには、まんざらこういうことと無関係だとは思えません。

子どもたちや若者たちは、何が現実で、なにが空想なのか、区別がつかなくなって、ただ自分の中に湧き上がってくる欲望だけを求めようとしているのです。

行き過ぎた理論的、合理的なものの考え方

さらに重大な問題は、子ども達に物事をすべて理論的に、合理的に教えようとしてきたことです。すべてのことを理論的に説明することなどできません。


たとえば、親子や夫婦の問題もそうです。

「どうして夫婦は仲良くしなければならないのでしょう」、「どうして子どもは両親のいうことを聞かなければいけないのでしょう」、「どうして親は子どもを養わなければならないのでしょう」

たったこれだけのことでも、合理的に説明しようとすればとても難しいのです。

そもそも不完全な人間が、自分の都合《つごう》で作った理論などというものを振りかざしても、完全に説明できるわけもないのです。

特に人間の根幹にかかわる教えというものは、理屈ではありません。親孝行でも老人保護でも、兄弟、親子、夫婦が、お互いの分際をわきまえながら、お互いに尊敬しあい仲良くしていかなければいけないなどということも、理屈ではないのです。

このような、理屈で解決できないことを理屈で解決しようとするから問題が複雑になって、かえっていろいろな問題を発生させることになるのです。

※学問が偏差値重視の勉強に偏《かたよ》ってしまった。
※物質優先の価値観が支配的だということ。
※間違った平等意識。
※間違った個人主義。
※メディアの影響力。
※いき過ぎた合理的思考法。

三、教わらなかったことはできない、わからない。

教わったことはできるが、教わらなかったことはできない。良いことを教われば良い行動をとるようになり、悪いことを教われば悪い行動をとるようになる。

これが結論です。

はずかしかったこと

わたしは二十歳くらいまで、食事のときにクチャクチャと音を立てていました。いわゆる犬食いです。

友人と食事をともにしたあるとき、「食べているとき音が出ているぞ」と、指摘されました。わたしは、彼の指摘がどういうことなのか理解できませんでした。

それまでクチャクチャと音を立てて食べると「おいしそうに食べるね」ってほめられていたからです。まさかそれが、犬食いと呼ばれる行儀の悪い食べ方だとは思ってもみなかったのです。

礼記《らいき》には、「舌鼓《したつづみ》を打つような食べ方はしてはいけない」と教えています。だから少年時代に「礼記《らいき》」を勉強していれば、こんな恥ずかしい思いをしなくて済んだのです。

もっと深刻なこともあります。

わたしは「高望みをするな」と教えられてきました。

「いま与えられていることをただひたすらまじめに努めていればいい」とも教えられました。

「そうすれば、いまに上の人が自分を認めて引きあげてくれる。豊臣秀吉を見なさい、それで大成功したではないか」と。

この教えは、一見正しいようで実は大嘘ですね。まさに支配しようとする側の都合《つごう》のいい論理です。

わたしはこの教えに従って、まじめに務め待ち続けましたが、何も起こりませんでした。

おそらくこの教えの呪縛《じゅばく》で二十年くらい損をしたと思っています。

隠逸伝《おんいつでん》には、「何か心に決めてやろうとする場合は、その志《こころざし》、行動力や実践力、度胸《どきょう》などを高く大きくおおらかに持たなければいけない」とあります。

大事なことは、「まず高い目標を持って、一歩一歩着実に目標に向かって努力する」ことでしょう。こういうことを知らなかったのです。そのために、せっかく自分に与えられた時間を有効に活用することができなかったのです。

残念なことに友達も多く失いました。

論語にこういうことが書かれています。

「子貢《しこう》が孔子に、ほんとうの友達としての道を教えてくださいと質問したそうです。孔子が答えるには、友達に問題があれば、心に思っていることをそのまま忠告して、相手を良い方へ導いてあげなさい。しかし相手が頑固《がんこ》で聞き入れないときは、無理していっても相手は反発するばかりだから、いったん止めなさい。忠告を無理強いすると、反対に相手から見下されて悪口をいわれたり、罵《ののし》られたりすることになるから、そんなことをしてはいけません」と。

もしわたしが、もっと早くにこの論語の教えを知っていたのなら、おそらく今まで失ったほとんどの友人を失うことはなかっただろうと思います。

知らないということはこういうことです。知らなければ、人も、時間も、人間関係さえも失ってしまうのです。そしてこういうことさえも、教えてもらわなければわからないのです。

※教わらなかったことはできない。わからない。
※知らないことが多いと、恥ずかしい思いをすることが多い。
※知らないと、いろいろなものを失いやすい。

四、思想教育という業《ごう》からの脱却

子どもに罪はない

わたしはこれまで、いまの子どもたちの問題点を指摘してきました。しかし、結局、今の子どもたちの行動に問題があるとすれば、その原因はわたし達が子供に与えた教育にあるはずなのです。わたしたちがおかしく教えたから、子どもたちがおかしくなったのです。また考えてみれば、わたしたちの世代を教えた、わたしたちの親の教えもおかしかったのです。だからその影響でわたしたちがおかしく育ってしまったのです。

親にも罪はない

一例をあげれば、わたしたちの親の世代は、何もかも失った終戦後のドサクサの中で、わたしたちを育てながらとにかく生活してきたのです。当時の親たちの願いは経済的な安定で、そのためほとんどの大人は家計を支えるため、夫婦そろって一生懸命働いていました。子どもは、「お父さんもお母さんも、生活のために一生懸命働いているんだ。一人ぼっちでも、さみしくても、がまんしなければ」と、理解していました。

こんな環境の中でわたしたちは、すべてにおいて、経済的な価値が優先することを、なんとはなしに植えつけられてきたのでしょう。

親も、「お父さんもお母さんも、忙しくておまえのことをかまってあげられないけど、今度欲しいものを買ってあげるからね」という価値観をベースに子どもと接していました。

こうしてわたしたちは、世の中全体が物質的な価値観を優先する中で育ち、その結果、ほんとうに大切なことを学ぶことなく現在にいたってしまったのです。

そして世代は進み、わたしたちは、親になり、自分の親が自分にしてきたように、知らず知らずのうちに、子どもに対して、「経済的に価値あるものを何か与えればそれでことが足りる」という感覚で子どもに接してきているようなのです。たとえばこういうことです。

学ばなければいけなかったもの。

○本当の学問というもの。
○正しい価値観。
○本来の平等というもの。
○マスメディアに振り回されないこと。
○理論的合理的思考方法では解決できないものについて。

本当は、こういうことを親から学ばなければいけなかったのです。そしてそれは、わたし達が子どもに伝えていかなければならなかったことなのです。

思想教育という名の業《ごう》

わたしは、この「親世代から引き継ぎ、子世代に引き継いでいく思想教育」というものが、仏教でいう「業《ごう》」ということばで表現されるものではないかと思っています。

業《ごう》などというと宗教くさく感じますが、「先祖からの思想教育による子どもへの影響」と受けとめてもらえればよいかと思います。だから、一口に業《ごう》といっても、いいものも悪いものもあります。

親は祖先からの業《ごう》を引きずり、自分もまたその親の業《ごう》を引きずります。そしてその業《ごう》が自分自身にあらわれ、また子どもに影響を与えるのです。

思想教育の重要性

わが子に「良くなって欲しい、よい子に育って欲しい」と思うのは、親ならば当然の願いです。しかし、自分の子どもをどう教育するかとなると、具体的な指針を持っている親は少ないのではないでしょうか。

「氏《うじ》より育ち」といいますが、育ちは氏に付帯《ふたい》しているのではないかとも思います。何代も続いている旧家《きゅうか》といわれる家からは、社会の高いレベルで活躍する指導的な人物が多く輩出《はいしゅつ》されています。医者の家からは医者、外交官の家からは外交官、政治家の家からは政治家と、そんなケースも少なくありません。

親の七光りというだけではなく、こうした家系には、伝統的な教育方法が、それなりに効果のある形を持って子どもに影響を与えているのではないでしょうか。

これとは逆のケースとして、「あそこの家の子どもにはろくなやつがいない」というような家もあります。こういう家には、おそらく子どもを悪くしてしまう教育方法が伝わっているのです。

いいにしろ悪いにしろ、これがその家に伝わった業《ごう》というものです。

自分の責任で業《ごう》を消滅させる

家に伝わった業《ごう》とはいえ、悠久の流れの中で、祖先と子孫との中心にあるのは自分自身です。そして、主人公はあくまでも自分自身なのです。ですから、悪しき業《ごう》は、自分の代で終らせ、その業《ごう》を子どもに引き継がせないように食い止めなければなりません。

子どもに対するわたし達の責任

わたしたちは、悪しき業《ごう》をどのように解消するかを知らなかった。だから子どもに教えられなかったのです。しかし、気づいたからには、ただちに改めればいいのです。

気づいた今から、「どうすれば子どもにいい教育をしてあげることができるのか」ということについて勉強すればいいのです。そして子どもに教えてあげるのです。

そうすれば、「教わらなかったから教えられなかった、それで子どもをだめにした」と、気づいた親の世代が、遅まきながら「だめにしてしまった子ども」に教えていけば、「教わらなかったから教えなかった、それで孫をだめにした」などという悪しき連鎖《れんさ》を自分の代で止めることができるのです。

ここでいま、自分自身でストップさせなければ、末代まで永遠に続いてしまうのです。

※祖先から伝えられてきた良いものは子孫に残し、悪いものは自分が改めて子孫へ伝えない。
悪いものを後に残さない。

五、行動の源泉

学習するということは、まず刺激があって、その刺激に自分が反応し、反応したものに自分が影響を受け、自分の中にスキルとして蓄積することです。

ですから、

○良い刺激を受ければ、自分の中に良いスキルが蓄積される。

○悪い刺激を受ければ、自分の中に悪いスキルが蓄積される。
○刺激を受けなかったことについては、何も蓄積されない。

ということになります。

したがって自分の行動は、自分が学習によって獲得した、自分の中に蓄積したスキルにもとづいて決定されます。いい刺激を受ければいい行動をとるようになるし、悪い刺激を受ければ悪い行動をとるようになるわけです。

さらに重要なことは、刺激を受けなければ自分の中に何も残らない。つまり「教わらなかったこと、勉強しなかったことはわからない」ということです。

道元禅師は、「人は参学眼力《さんがくがんりき》の及ぶばかりを見聞《みきき》し会得《えとく》している」といっています。人間というものは、自分が勉強したり、見たり聞いたり、経験したり、自分自身の中に取り入れたものの範囲でしか、物事を判断したり、理解したりすることができないということです。

だから、いろいろなことを見聞き経験しないと、わずかばかりの範囲でしか物事を捉えたり理解したり判断したりすることができなくなってしまいます。

※自分に良い刺激をたくさん与え、自分自身のテリトリーを広げていくことが大切です。

六、子どもは植物を育てるように

天の命ずるをこれ性《しょう》といい、性《しょう》に率《したが》うをこれ道と謂《い》い、道を修《おさ》むるをこれ教えという。

中庸《ちゅうよう》

天がその自《みずか》らの命令として、それぞれの植物にわりつけ与えたものが、その植物の本性《ほんせい》というものです。ユリはユリとしての本性《ほんせい》を持ち、タンポポはタンポポとしての本性《ほんせい》を持って生まれてきます。

そして、おのおのが生育していくために必要な条件が整った環境の中では、ユリもタンポポもその本性《ほんせい》のあるがままに従って育っていきます。

このようにそれぞれが、その本性《ほんせい》に従って、あるがままに育っていく法則性を「道」といいます。

しかし現実的には、日照りにあったり、逆に日照不足にあったり、嵐があったり、時期外れに育てられたり、肥料が少なかったり、多すぎたりといった具合に、すべてが充分な環境の中で育っていくことは難しく、下手をすれば花を咲かせることなく枯れてしまったり、小さく脆弱《ぜいじゃく》なまま一生を終えたりするものも少なくありません。

そこで、それぞれが天に命令されたその本性《ほんせい》に従ってあるがままに育っていくことができるように周りの環境を整えてあげること。これを「教え」、つまり教育というのです。

ですから子どもを育てる上でまず大切なことは、子どもがどんな本性《ほんせい》を持っているかを知ることです。なぜならば、持って生まれてきたその本性《ほんせい》によって、育て方を変える必要があるからです。

植物でいえば、冬咲く花もあれば夏咲く花もある。春咲く花も秋咲く花もあります。花が美しいものもあれば、果実がおいしいものもある。麦のように一度踏みつけた方が丈夫でよく育つものもあれば、ランのように踏みつけたらそれで終わりというものもある。

どの本性《ほんせい》が良くてどれが悪いということではありません。大切なことは、それぞれがその持って生まれてきた本性《ほんせい》をまっとうできるように育ててあげることなのです。

自分の子どもはかわいいものです。親は理想の子どもにしたいという思いと期待をこどもにかけます。子どもに対する教育の方向は、それぞれの、両親の思いで決めていけば良いことです。

しかし一生懸命に子どもに尽くしながらも、子どもとの関係がうまくいかず、どなったり、たたいたり、しまいに手におえなくなって放り投げてしまったりする親がいます。子どもは子どもで、親に反抗したり、親を無視したりするようになってしまうことがあります。子どもを育てていく上で、これではベースになる部分が、まったくなっていないということになります。

どうしてこういうことになってしまうのでしょうか。これは、親が子どもの本性《ほんせい》を考えようとせず、子どもを自分の理想にはめこんで思い通りにしようとすることが原因です。子どものやることに、親がいちいち、「それはだめ、あれはだめ、これをしなさい、あれもしなさい」などと、何かとけちをつけたり、親の意見を押しつけたり、批判的だったりすれば、子どもは親に見られただけで、「また何かいわれるな」と、身がまえるようになり、その結果、必ず親から気持が離れます。

子どもというものは、本来、親に係《かかわ》っていたいものです。そして親に見守られながら生活することに安らぎをおぼえるものです。だから、子どもが親に相談したり、親の意見を求めたりすることは当然のことなのです。なぜならば子どもにとって親はほかの誰よりも自分の味方だからです。

ところが、親に干渉《かんしょう》されることを、子どもが嫌がるとすれば、これはまったく不自然なことです。もし、親と子どもとのあいだで、このような関係が生じた時は、それは親と子どもとの関係が危うい状況になっていると思わなければなりません。

しかし、だからといって、子どもに一切苦言《くげん》めいたことをいったり、干渉《かんしょう》したりせず、すべてを子どもの思い通りにさせれば、子どもとの関係がよりよく保てるのかといえば、そういうものでもありません。むしろ、そのような育て方をすれば、もっとひどいことになってしまうでしょう。

ここで、「中庸《ちゅうよう》」にいう、「子どもの本性《ほんせい》を知ってその本性《ほんせい》に従ってあるがままに育てる」ということが重要になってくるのです。

まず、この子の特性を見きわめること。花でいえば、この子はどんな花なのかを見極めることです。そして、それがわかったら、つぎにこの花はどう育てればいいのかを勉強する。次に、「この子に今、何が一番大切なことなのか、何が不必要なことなのか」を研究して、具体的に見きわめること。

そして、「子どもにやらせなければいけないこと、やめさせなければいけないこと」が具体的になったら、それが、たとえ子どもにとって、また、自分にとって、面倒なこと、意にそぐわないこと、大変なことであっても、それでも、両親が協力して、断固としてやらせぬくことです。決して安易《あんい》にとらえないでください。

ことはそうかんたんではありません。

たとえば、子どもの進学。子どもを有名校に入れるということは、一般的には良いことだと思います。しかし、自分の子どもにその学校がふさわしいかどうかは、冷静に判断すべきです。子どもの適性や興味などを考慮し、受験をさせるべきかどうかを充分検討しなければいけません。

「できる子どもはみんないくから」とか、「他の子に負けさせたくないから」というような親の見栄で、朝から晩まで子どもに勉強を強要するようなことがあったとしたら、それは子どもにとってもためにはなりません。

わが子に与えられた本性《ほんせい》の、美しい花を咲かせるためには、ここはよく見極《みきわ》めなければいけないところです。この見極《みきわ》めが、なかなか難《むつか》しいのです。

それに、子どもに勉強させるときにも、その方法を間違ってはいけません。子どもはたいへんなエネルギーで成長していきます。身体的な面を見ても、生まれてわずか十五、六年ほどでほとんど成長しきってしまうほど大きくなります。精神的な面でも同様です。たしかに知識や経験という面では大人にはかないませんが、学んだことを吸収する力は大人の何倍もあるのです。

ですから、ものを教えるということ一つとってみても、子どもたちには、単純に解答を得るための手順や道筋を教えるのではなく、無駄《むだ》に思えるようなことでも時間をかけて、自由に自分で考えさせることが大切なのです。簡単に答えを発見できるような導き方をするのではなく、子ども自身に、悩んで悩んで悩み抜かせるのです。

「悩んで悩んで、あるときぱっとひらめく」「そうか、わかった！　よかったぁ！」

これが大切で、これが学問のベースであり醍醐味《だいごみ》なのです。この醍醐味《だいごみ》を味わった子どもが勉強好きになるのです。この醍醐味《だいごみ》を体験しないから勉強嫌いになるのです。

なにもクイズ番組に出場するわけではないのです。答えばかりを暗記させるような教育は教育ではないのです。今日の学校や塾での勉強が、このようなことばかりに終始しているから、せっかく子どもが持っている才能の芽を摘《つ》んでしまうのです。

子どもの才能を伸ばしたり、健全に成長させるために、何にも増して大切なことがあります。それは親と子の心の安定です。これが絶対に必要な条件になります。親子の間の安定した状況が保たれてこそ、子どもは安心して勉強や、社会との関係について悩むことができるのです。そして子どもたちは、悩んで悩んで悩み抜いて、あるときぱっとひらめいて、自《みずか》らの力で、自《みずか》らの才能や心身を成長させていくのです。

子どもは自《みずか》ら育つ力を持っています。教育というのは、積極的に子どもを導いていくことではないのです。本当の教育というものは、子ども自《みずか》らが育っていくのをサポートすることです。

花を育てることにたとえれば、きれいな花を咲かせるために土を耕《たがや》し、適当な肥料を施《ほどこ》し、適切な日光、水や風に当てる。ある程度育ったら、虫を取ったり、消毒したり、剪定《せんてい》したりと、花作りという作業はあくまでサポートなのです。

このように自然の流れに即応していくことが、「中庸《ちゅうよう》」でいう「道に従う」ということであり、その「道」に従って環境を整えてあげることを「教え」、すなわち本当の意味での教育というのです。

子どもを育てると称《しょう》して、両親が子どもの頭と足をしっかりつかんで、お互いに思い切り引っ張り合って、子どもの背を伸ばそうとするような教育をすると、子どもは痛がって親から逃げ出すのです。これは教育ではありません。

こんなことさえしなければいいのです。

そして、花作り、子ども作りという作業が、あくまでサポートであるということ。ここさえわきまえていれば、当たらずといえども遠からずで、親子の間でそんな大きな間違いは起きないものです。そして子どもの才能も磨かれ、健全に育っていくのです。

七、道徳は、なぜ、どうして以前の学問

どうして兄弟は仲良くしなければならないのでしょう。どうして両親や先生のいうことを聞かなければいけないのでしょう。どうして年長者は敬《うやま》わなければいけないのでしょう。どうして親は子どもを養わなければならないのでしょう。

理屈抜きで受け入れるべきこと

自由な世の中になったせいか多くの人が、封建時代のような「支配《しはい》と被支配《ひしはい》」の関係で、「服従的にものごとを受け入れさせられること」に、抵抗する風潮《ふうちょう》があるようです。

特に若い人の中には、「人はすべて平等だ」という見地から、たとえ上からの命令であったとしても、自分が納得できる理屈や理由がないかぎり、「無条件には受け入れない」というような人もいます。むろん、こういうこと自体は悪いことではないと思います。

人はみな平等だといっても、あらゆる人の立場が、すべて同じわけでもありません。社長もいれば平社員もいます。先生もいれば生徒もいます。当然命令する側と、その命令を受け入れなければいけない側とがでてきます。人はみな平等だという考えに立てば、命令したりされたりというのは、理屈に合わないことです。

しかし理屈に合わないといっても、現実問題として、人それぞれに、自分なりの理屈を立てて納得し、それなりに受け入れなければいけないわけです。

あなたの場合はいかがですか、どのようにして、こういうことを自分に説明し、納得させているのでしょうか。

おそらく、このようなことに理屈をつけようとしても、明確に理由づけすることはできないでしょう。それに無理をして理由をつけたところで、決して正確に全体を説明しているわけでもないでしょう。それればかりか、理由のつけられないことに無理やり理由をつけようとすれば、いろいろと弊害《へいがい》さえでてきます。

たとえば子どもにあいさつをさせるとしましょう。そのとき子どもから、「なぜあいさつをしなければいけないの」と、質問されたら、なんて答えますか。いろいろな理由づけは確かにできます。しかし一番大事なことは、「人に会ったら挨拶するものだ」ということを、子どもが理屈抜きに受け入れることです。それなのに、多くの人たちはこういうことにさえも、何か理屈をつけて教えようとしています。そこがいけないのです。

「やるための理由がなければやらない」ということになれば、「理由がなければやらなくてもいい」ということになってしまいます。

老人は理屈抜きに大切にしなければいけないものなのです。それなのに、「お年よりは経験が豊富で、すばらしい智恵を持っているから大切なのですよ」などという、さもわかったような理屈をつけて子どもに教えるから、それなら「馬鹿で智恵のない浮浪者《ふろうしゃ》のようなお年よりは大切にしなくてもいい」ということになるのです。

結果、子どもたちが浮浪者《ふろうしゃ》狩りなどといって、老人の浮浪者《ふろうしゃ》に石を投げて殺してしまったりするのです。

先生はその道の専門家であるから、その指導に従わなければいけない、ということも同じことです。こういう理屈をつけて子どもに教えれば、専門家ではない先生の指導には従わなくてもいい、ということにもなってしまいます。

それればかりではありません。今、学校で、先生が、師(学問を教授する指導者のこと)として生徒に接するのではなく、生徒と対等な立場に立って授業をしているという話を聞きます。

もしそうだとすれば、クラスの中では、先生も生徒も対等な立場になってしまうのですから、クラスの中に指導者がいないということです。そうなれば、クラスの中の収拾がつかなくなるのはごくあたりまえのことになります。

学級崩壊《がっきゅうほうかい》が最近問題になっていますが、前述のような、理屈抜きで教えなければいけないことまで理屈をつけて教えているとすれば、当然ありうることでしょう。

理屈抜きに受け入れなければいけないことといっても、それをどこまでも研究して、突き詰めていけば、おそらく合理的な理由があるのかもしれません。しかし、こういうことを哲学者のように面倒な理屈をつけて追い求めるよりも、理由はないという受け取り方で素直に受け入れる姿勢を持たせることこそが大切なのです。

こういうことは、人それぞれが、この娑婆《しゃば》(仏教用語で、苦しみが多く、忍耐すべき世界という意味)で、他の人と一緒に生活していくためのベースとして、無条件で受け入れ、身につけていなければいけないことなのです。

もちろん理屈や理由を説明して教えていくことは必要なことです。人は平等ですから、お互いの立場を尊重しながら対等に付き合っていくことも大切なことです。ただし理屈抜きで受け入れなければいけないこともありますし、無条件にきちっとした礼節《れいせつ》を持って相手に接しなければいけない場合もあるのです。

浮浪者狩りや学級崩壊《がっきゅうほうかい》のようなことが起きないようにするためには、まず理屈抜きで受け入れなければいけないこととはなにか、きちっとした礼節《れいせつ》を持って無条件に相手に接しなければいけない場合とはどんな時かという、自分の行動のベースとなる基本的なことを勉強しなければいけません。これができればそんな問題は起きないでしょう。

こういうものを道徳というのです。

八、何を学べばよいのか

わたしたちにとって何よりも必要なことは、自分の行動のベースとなる基本的なこと、つまり道徳というものはどういうもので、どんな教えをどのようにして勉強すれば身につけることができるのかをまずつきとめることです。

わたしたちは、その教材となるべきものを探し出さなければいけません。

幸いなことに、このような教えは宗教の経典《きょうてん》の中に多く記《しる》されています。

宗教とは、宗教《しゅうきょう》（大本、基本としての教え）という意味です。

宗教の経典は、神からの啓示《けいじ》というかたちで、それぞれの民族に与えられたとされています。民族の違いによって、その教えは、大きく分けて仏教的なもの、ユダヤ教的なもの、キリスト教的なもの、イスラム教的なもの、儒学《じゅがく》的なもの、神道《しんとう》的なものに分けられます。細かく分ければもっとたくさんあるのでしょうが、大きく分けるとこのように分けられるでしょう。

教えの違いは、ちょうどコンピューターのオペレーティングシステム(コンピューターを動作させるために必要な最小限のソフトウェア)の違いのようなものです。そのオペレーティングシステムは、儒学的《じゅがく》にいえば惻隠《そくいん》の情《じょう》、神道的にいえば直霊《なおひ》、一般的には心構えといってもいいでしょう。多少の違いはあっても本質的な働きは似たようなものです。

どの教えを、自分というコンピューターを動かすオペレーティングシステム(自分の心構えの基盤《きばん》)として選ぶかということは自由です。しかし、選ばないで済ますことはできません。これは絶対必要なものです。コンピューター上でオペレーティングシステムなしで業務に応じて作成されたプログラムを動かすことが困難なように、人間というハードウェアに素地《そじ》としてこの基本的な教えというオペレーティングシステムが組み込まれなければ、人間生活に必要な技能的なものを習得しようとしてもうまくいくものではありません。

言語にも同じことがいえます。人間は言葉で思考するからです。英語、日本語、ドイツ語などいろいろな国の言葉があります。どの言葉を選ぶかということは、その人の生まれた環境に大きく左右はされますが、基本的には自分で自分の使う言葉は自由に選ぶことができます。しかし、選ばずにすますことはできません。どれかを選ばなければなりません。どれかを選んで自分の言葉として使わなければ、自分で思考する、つまり考えることができなくなってしまいます。
ですから心構え《こころがま》のベースとなる教えというものは、このような言葉やコンピューターのオペレーションシステムのように、人間としての社会生活に欠かせないものなのです。

宗教の教えは、一般的に神と人間とのかかわりの中であらわされています。ほとんどが哲学的な要素を多く含み、人間の心の動きを取り扱う難しいものが多いのですが、その中でもわかりやすく具体的なものが儒学《じゅがく》の教えです。

儒学《じゅがく》は他の教えと異なり、一般的な宗教として扱っても、神とのかかわりがわかりやすく、しかも単純です。それに哲学的な思索や、奇跡などの記述より、むしろ処世《しょせい》の術という性格が強く、自分自身のオペレーティングシステム(心構え《こころがま》)を形成するための学問としては適切なものだといえるでしょう。

特に日本という環境に生まれたわたしたちには、適応しやすいものだと思います。

学ぶべき基本的な教え「大学」

儒学《じゅがく》の教えの一部は帝王学ともいわれています。東洋の古代の王たちは、儒学《じゅがく》を、国家を良く統治《とうち》するため、また王としてふさわしい人物になるための必須《ひっす》の学問として研究してきました。この帝王学は「王が立派な王として国を治めていくために、どんなことを学ばなければいけないのか」ということをテーマに、古代の学者たちによって研究され選びぬかれ、しかも長い歴史の中で、何代にもわたり、推敲《すいこう》が繰り返され吟味《ぎんみ》され、その歴史の中ですたれることなく残ってきた、貴重で価値ある教えです。

この帝王学の、特に代表的な経書《けいしょ》(テキスト)が、「四書五経《ししょごきょう》」といわれるものです。そして、この四書五経《ししょごきょう》の中で、非常に重要な帝王学全体の骨格を形成している教えが「大学」です。「大学」は、王が国をうまく統治《とうち》していくために、どういう行いをしなければならないのかということを通して、人間が理屈抜きで、無条件に受け入れなければいけない基本的なことがらを現実的に教えています。

また「大学」は、全体を通じ「修己治人《しゅうこちじん》」という基本的ポリシーの上に立っています。「大学」は、これらの学問の中でも特に、「修己治人《しゅうこちじん》」の帝王学といわれています。

「修己《しゅうこ》」とは、自分を磨いて修養《しゅうよう》し立派な人物になること。

「治人《ちじん》」とは、自分を修養《しゅうよう》して立派な人物になれば、国はひとりでに治まるという意味です。

このように「大学」は、上に立つものが修養《しゅうよう》して立派な人物になれば、ひとりでに周囲の環境が整っていくという、基本的ポリシーをベースにしたリーダーシップ戦略を教えていま す。このような教えは、すべての「リーダー」たち、「リーダー」になろうとしている人たちにとって、思想の骨格となる、きわめて重要な学問なのです。

子どもをしつける基本の教え「小学」

「小学」は、朱子が四書五経《ししょごきょう》や、先哲たちの言葉の中から、「人間はこうあらねばいけない」という手本になるものを編集し、弟子たちに与えたものです。日常の瑣事《さじ》実践の手引《てび》きとして、現実的な場面でどう対応すれば良いのか、また自分の出処進退はどうすべきなのかということについてわかりやすく教えています。

「小学」は「大学」に比べ、理論をさらに具体的に体得し、実現していくということに重点がおかれています。

「小学序文」にあるように、人として根本的に身につけなければいけないことを、子どもの頃からしっかりと勉強すれば、勉強したことと現実にやることを無理なく一致させることができ、自分が勉強してこうしなければいけないということと、わかってはいるけれどもできないというそのずれに、それほど大きく苦しまなくてすむのです。

つまり幼いうちから実践を通して「小学」を学んでいけば、あまり矛盾《むじゅん》に苦しむことなく自然に、道徳心を底で支える、根本的な情緒《じょうちょ》や心構《こころがま》えを育てていくことができるのです。

学問の基礎は、まず素直に聞き、受け入れること

学問は、先哲たちの智恵を素直に受け入れることから始まります。学ぶということは自己を主張することとは正反対の行為です。学ぶはまねぶ。まず、まねをすることから始まります。自分の考えを捨て、受け入れることです。勉強する内容は、それこそ何千年の長きにわたって伝えられてきたものです。わたしたちが軽率に批判できるほどいいかげんなものではありません。仮に、考証し批判をするにしても、まず素直に受け入れ、よく勉強して、それから後でも決して遅くはありません。

継続すること

人がものごとをやるに際し心得ていなければならないことは、何をするにも時間がかかるということです。ものを習得するにも時間がかかりますし、ものを捨てるにも時間がかかります。早起きをするというたったこれだけのことでも、できない人にとってこれを習得するためには、結構な時間がかかるでしょう。

また、贅肉《ぜいにく》で膨《ふく》らんだ体から、これをそぎ落とすことにもおそらく大変な時間がかかることでしょう。同じように、学問をして、自分の至らないところを補い、自分の悪癖《あくへき》を捨て去ることも、大変な努力と時間を要します。

しかし、早急に結果を求めず、きちっとした計画を立て、その計画に基づいて穏《おだ》やかにゆ

ったりと続けていれば、必ずそれなりの結果は目に見えてでてきます。

「まかぬ種は生えぬ」ということわざがありますが、まず種をまき、そして出てきた苗を根気よく育てていかない限り収穫はないのです。

それに、あなたの体は、あなたが今まで食べてきたものだけからできているのです。食べなかったものからはできていません。同じように、勉強したものだけが身についているのです。勉強しなかったものは身についていないのです。だから、何かを身につけたければ、身につけたいことを食べることなのです。そして継続して育てていくのです。そして、続けていく中で、ある程度の結果が見えれば、またやる気も出てくるものです。

こうして三年くらいやりつづけることができれば、見るべきところまでは必ずたどりつくものなのです。

小学入門

小学序文

古は小学、人を教うるに、灑掃《さいそう》、応対、進退の節、親を愛し長を敬し師を尊び友に親しむの道を以てす。皆、修身、斉家、治国、平天下の本《もと》たる所以《ゆえん》にして、而《しか》して必ず其《そ》れをして講《こう》じて、之《これ》を幼稚の時に習わしめ、その習《ならい》、知と与《とも》に長じ、化《か》、心と与《とも》に成って而《しか》して扞格《かんかく》勝《た》えざるの患《うれい》無からんことを欲するなり。今、その全書見るべからずと雖《いえど》も、伝記に雑《まじ》り出《い》づるも亦《また》多し。読者往々直《ただ》に古今宜《ぎ》を異《こと》にするを以《もっ》て、これを行なう莫《な》きは、殊《はなは》だその古今の異《い》きもの固《もと》より未だ始めより行なうべからざるにあらざるを知らざるなり。今、頗蒐集《ややしゅうしゅう》して以《もっ》て此《こ》の書を為し、之《これ》を童蒙《どうもう》に授け、その講習を資《たす》く。庶幾《こいねがわ》くは風化の万一に補《そなえ》あらんと云《い》うのみ。

人物修行の第一歩

親を愛する。年長者や優れている人を尊敬する。先生を尊ぶ。友達と仲良くする。こういうことは、人間が生活していく上で身につけていなければいけない基本的な条件で、いわゆる道徳といわれるものです。

道徳を身につけ実践した古の賢人《けんじん》たちは、すばらしい指導者として自分自身の生活と、周囲の生活を豊かなものにしてきました。現在の世界の繁栄は、すべて人間の道徳心に根ざしているといってもいいでしょう。

しかし、この道徳を支えるそれぞれの根本精神は、勉強して鍛錬《たんれん》しなければ身につかないものです。この根本精神を鍛錬《たんれん》し育てなければ、自分自身の道徳は実践されることなく、自分の生活も、周囲の生活も豊かなものになりません。

ものごとには必ずそれを進めていく上での根本的なベースがあります。野球でもサッカーでも、それをやるために最低限知らなければいけないルールや、基礎的な体力、技術、などがあります。


小学は、人間が生活していく上で最低限知らなければいけないルールや、基礎的なことを教えることによって、道徳を実践する根本精神を鍛錬《たんれん》しようとしています。

だから昔から人物を修行させるための第一歩として、小学を勉強させたわけです。

具体的には、「灑掃《さいそう》」、「応対《おうたい》」、「進退」、を学び実践することを通じ、道徳の根本精神を鍛錬《たんれん》しはぐくんでいこうとするものです。

小学を学んで、鍛錬《たんれん》しはぐくんだ、しっかりした根本精神に立脚した道徳が身についてはじめて、修身、斉家、治国、平天下を実現することができるような人物になれるのです。

ません。

その習い知とともに長ずる

道徳心を底で支える根本的な情緒《じょうちょ》や、心構《こころがま》えを育てていこうとすることはきわめて大切なことです。特にこういう根本的なことは、人間が幼いうちに勉強し、身につけなければいけません。

そして成長するに従って、学んだことが無理のない形で自然にあらわれるように、また「勉強したことが、実際にやろうとしてもできない」という現実との間で、「そのずれに苦しみ、立ち往生する」などということがないようにしなければいけません。

子供のとき自転車に乗る練習をしたことを思い出してください。練習し始めの頃は「右に曲がりたいときは、ハンドルを右に切る。左へ行きたいときはハンドルを左に切る。自転車が右に傾いたらハンドルを少し右へ切って転ばないようにする」「障害物を見たらブレーキをかけて、スピードが緩んだら足をつく」など、いちいち身につけたいことを知識としておぼえていきます。しかし知識として理解しても、そこに注意がいっているうちはまだだめです。知識に行動がついていきませんから、知識と体の動きとの間にずれが生まれます。「わかっていても、できない」という状態です。

どんな人でも修得する過程で、一時必ずこういう状態になります。知識でわかっても実践することができないわけです。

そこでさらに練習する。また練習する。そして、時間をかけて練習しているうちに、いつか突然「ぱっ」と、乗れるようになります。

右へ曲がりたいときには無意識的にハンドルを右に切っている。自転車が左に傾けば、無意識に右側に重心を移動して調整している。それでも転ばないで、何メートルか走っている。そうです、これができるようになったということです。


知識と行動の間にずれがあるときには、その差を頭で考えてわかろうとします。そして、一生懸命、頭で考えます。しかし考えているうちはできません。

しかし、一生懸命、頭で考えて練習を積み重ねていくと、いつしか、頭で考えなくなって、意識もしなくなって、だけど「突然できるようになる」わけです。それが身についたということです。


だから昔からの教えに、「根本的に身につけなければいけないことを子供の頃から勉強すれば、勉強したことによって増えた知識と、知識が増えていくのにともなって、心が一緒に成長するから、無意識に反応する体と心が知らず知らずのうちに鍛錬《たんれん》され、頭で考えてやろうとすることと、現実にやれることが一致して、ある日突然『ぱっとできるようになる』まで、

それほど大きなずれに苦しまないですむ」とあります。つまり、幼いうちから、
○「灑掃《さいそう》〈掃除《そうじ》のこと〉」、
○「応対《おうたい》〈いろいろな物事に対してのうけこたえ〉」、
○「進退〈進むこと退くこと、たちいふるまいなど〉」、

を実践していくなかで、小学を学んでいけば、あまり矛盾《むじゅん》に苦しむことなく自然に、道徳心を底で支える、根本的な情緒《じょうちょ》や心構《こころがま》えを育てていくことができるのです。

現在は小学に関してのすべての書籍を見ることはできませんが、それでも現在伝わっている書物もかなり多くあります。

「昔の話だから、昔と状況が異なるから」などといって、こういうことを勉強しないのでは、歴史や状況を超えた人間の英知をむだにすることになります。

いま少しばかりですが、資料を収集してこの本を作り、これを子供たちに読んでもらい、こういった勉強の助けにし、こういう学問が風化してなくなってしまわないように万一の助けになればと思います。

朱子《しゅし》

※扞格《かんかく》はたがいに相手を受け入れないこと。

人の三不祥《さんふしょう》

荀子《じゅんし》曰く、人に三不祥《さんふしょう》あり、幼《よう》にして而《しか》も肯《あえ》て長に事《つか》えず。賤《せん》にして而《しか》も貴《き》に事《つか》えず。不肖《ふしょう》にして肯《あえ》て賢《けん》に事《つか》えず。是《こ》れ人の三不祥《さんふしょう》なり。

「不運な境遇に生まれた人」などということがあります。

たとえば、親がぐうたらで、もちろん地位も名誉も学問もない。そんな貧乏でどうしようもない家で育ったとしたら、きっとその子は不運だといわれるでしょう。

しかしそんな環境で生まれ育っても、社会で成功したり立派な人物になる人たちは、たくさんいます。

反対に、両親とも優秀で、地位も名誉もあるという家に生まれ育っても、だめになってしまう人はたくさんいます。つまり、運不運といっても生まれたときの状況がどうこうというのは、あまり関係ないのです。

人としての本当の不運は次の三つのことなのです。

一、幼いときに、政治力を持つ人、経済力を持った人、組織を統率する力を持った人など、いわゆる社会的権力を持っている人のそばにいて、つかえ指導を受けた経験がないこと。

二、賤《いや》しく幼くいながら、貴《とうと》く身分の高い人たちのそばにいて、つかえ指導を受けた経験がないこと。

三、とるに足らないほどの人物でしかない幼い時代に、学者や立派な行いの優れた人のそばにいて、つかえ指導を受けた経験がないこと。

小さいときから、権力を持った人たち、身分の高い人たち、賢人《けんじん》といわれるような、学者や立派な人たちと接し、その人たちの下で指導を受けながら生活することができれば、その子供は、そういったすばらしい人たちを尊敬し、すばらしいと感じ、自分もそうなりたいと思うようになります。

そして「大きな権力を持つ人物になれるように、もっと貴く高い地位に立つ人物になれるように、もっと賢《かしこ》く立派な人物になれるように」とがんばる気持ちが湧《わ》き上がってきます。

この「あの人みたいになりたい」と思う気持ちが「敬《けい》」という心です。「あの人みたいになりたい」と思うから、相手を尊敬できるようになるのです。そして、あの人みたいになりたい」と思うから、「それに比べて今の自分はどうなんだろう」と、自分を反省できるようにもなるのです。

そして、「あの人と比べたらぜんぜんだめだ、なさけない」と思うから自分を恥じ、謙虚《けんきょ》に自分を慎《つつし》むことができるようになるのです。

敬《けい》という感情は人間だけが持っているものです。他の動物にはありません。人間の、精神を無限に向上させたいという本能が顕《あらわ》れたものといえます。

つまり、この三つの経験をしないで大人になれば、その人は、人を「敬《けい》」するという心が未熟なまま大人になってしまいます。そして、自分を反省し、慎《つつし》むという大切なことも未熟にしたまま大人になってしまうのです。

だから人の不運は、この三つの体験をしないで大人になることなのです。

荀子《じゅんし》非相篇

人の三不幸

伊川先生言う、人、三不幸あり。少年にして高科《こうか》に登る、一不幸なり。父兄の勢に席《よ》って美官《びかん》となる、二不幸なり。高才《こうさい》有って文章を能《よ》くす、三不幸なり。

人には三つ、不幸なことがあります。まず、

○「年が若いうちからどんどん出世すること」これが第一番目の不幸。次に、
○「親の七光りでいい役職に就任すること」これが第二番目の不幸。そして、
○「生まれつき、頭が良かったり能力があったりして、幼少のころから、スポーツや、歌や踊り、文才、弁舌《べんぜつ》に優れていること」これが三番目の不幸。

いい大学を卒業し、むつかしい試験に合格して、若いうちにどんどん出世していく。親の威光で若いうちに重要なポストにつく。どっちにしてもこうなると世の中をなめてかかってしまいやすい。どんなことでも自分の思い通りになるような錯覚に落ちてしまいやすいのです。優秀であるばかりに失敗するこのような人の多いことは、ちょっと新聞を見ればすぐにわかります。

また、最近の十代の若者たちの一部には、少しばかり顔かたち良く生まれた、少しばかりスタイル良く生まれた、少しばかり歌や演劇がうまいということで、歌手やタレントになるものたちがいます。しかし、歌にせよ演劇にせよ、本当の芸というものは、生まれつき「ちょっと人より才能がある」程度では身につくものではありません。だから一時ぱっと人気になっても、すぐにすたれてしまうことが多いのです。結局、こういう人たちは、幼少のころ身を沈めて、じっくりと基礎的なことを習熟していた人に、やがて追いつかれ、追い抜かれることになってしまうのです。

最近科学が進んで、促成栽培の野菜には微量元素《びりょうげんそ》の含有量が少ないことがわかりました。食べてもあまりからだのためにならないというのです。このように野菜ですらじっくりと育てなければ中身のないものになってしまうようです。いくらレトルトの技術が進んでおいしくなったからといって、冷凍食品のラーメンは、とんこつや煮干からじっくりとだしをとったラーメンにかないません。植物でさえ、ラーメンですら、じっくりと育てなければいいものにならないのです。まして人間です。

一芸を極めたり、立派な人物になるためには、暑さにもあたり、寒さにもあたり、暖かさにもあたって、長い時間をかけた練習、修練《しゅうれん》というものによってじっくりと鍛錬《たんれん》されなければなりません。特に幼年少年時代は、できるだけ基礎的なものに習熟することを心がけて、いたずらに外へ目を向けることは避けなければなりません。

程伊川《ていいせん》

後生《こうせい》の才畏《おそ》るるに足らず

先輩、嘗《かつ》て説く、後生《こうせい》の才性《さいせい》人に過ぐる者は畏《おそ》るるに足らず、惟《た》だ読書尋思推究《じんしすいきゅう》する者畏《おそ》るべしと為《な》すのみ。又云《い》う、読書は只《た》だ尋思《じんし》を怕《おそ》る。蓋《けだ》し義理の精深《せいしん》は惟《た》だ尋思《じんし》し、意を用いて以《もっ》て之《これ》を得《う》べしと為《な》す。鹵莽《ろぼう》にして煩《はん》を厭《いと》う者は決して成ること有るの理無し。

先輩がこういいました。

後輩達の持っている生まれつきの才能、たとえば、頭がいいとか、スポーツが良くできるとか、歌や踊りが上手とか、字や文章がうまいなどということは、さほど評価すべきものではありません。

評価すべきことは、ただ一生懸命、読書をして、物の善悪をたずね、考えたり、ものごとの筋道について考えることなのです。

人間として本質的に大事なものはその中身(徳)で、それに付属した生まれつきの才能などはたいして評価すべきものではありません。ちょっと何かができるからといっていい気にならず研鑽《けんさん》に励むことです。

また先輩は、力を入れてこういいました。

本を読むときは、ただばくぜんと読むのではなく、自分の知りたいことを明確にして、その知りたいことをよく尋《たず》ねながら、そして、良く考えながら読まなければいけません。

本当に、「わたしたちがいま何をしなければいけないのか、そしてそれをすることにどういう意味があるのか」などという、実践的で重要な問題についての解答は、よほど精一杯、考えて考え抜いて、初めて答えを得ることができるわけです。

だから最初から、生活態度が煩雑《はんざつ》で、手間ひまのかかること、わずらわしいことを嫌がるような者が、大成するわけはありません。

呂氏童蒙訓《ろしどうもうくん》

※童蒙《どうもう》は、幼少で道理に暗い者のこと。訓《くん》は、教えのこと。
※後生《こうせい》は、後輩達のこと。

賢《けん》を色に易《か》える

子夏《しか》曰く、賢《けん》を賢《たっと》びて色を易《か》じ、父母に事《つか》えて能《よ》く其の力を竭《つく》し、君に事《つか》えて能《よ》く其の身を致し、朋友と交わり、言いて信あらば、未だ学ばずと曰うと雖《いえど》も、吾は必ず之を学びたりと謂《い》わん。

子夏《しか》は、次のようにいいました。

○性欲や物欲や名誉欲のようなものに対する人間の本能的な欲望を、学問が良くできること、行いが立派であるということに変化させ、それがあたかも本能からの欲求であるようにしている。
○お父さんやお母さんに良くつかえて、一生懸命自分の持つ力をつくしている。
○上司に良くつかえて、一生懸命その身をささげている。
○友達と仲良くつきあい、話すことばに信頼感がある。

もしこういうことを実践している人がいれば、

その人が「自分には学問がない」と謙遜していても、学問がないということで世間の評価が低くても、わたしだけは「もっとも大切な本当のことを学び終わった立派な人だ」と認めます。
学問がなくても立派な人はたくさんいます。学問は実践されてこそ意味があるのです。

論語学而篇

※賢《けん》は、かしこいこと、学才や行いがすぐれていること。
※色《いろ》は、人間の持っているあらゆる欲望のこと。

学を好む

孔子曰く、君子《くんし》は食、飽くを求むる無く、居、安きを求むる無く、事に敏にして而《しか》して言を慎み、有道《ゆうどう》に就《つ》いて而《しか》して正す。学を好むと謂《い》うべきのみ。

孔子は、学問を志《こころざ》し立派な人物になろうとする人は次のようでなければいけないといっています。

○食事をするときに、おいしいものをおなかがいっぱいになるほど食べることを求めない。
○お金に余裕があっても、必要以上に立派な家には住まない。
○しなければいけないことはどんなにささいなことに対しても、力の出し惜しみをせず全力で頭を働かせ立ち向かっていく。
○ことばを慎《つつし》んで、軽率なことをいわない。
○人格の優れた人や立派な先輩達を手本にして、いつも自分自身の過《あやま》ちを正す。

このような人物こそ真に学問をしている人ということができます。そしてこういう人こそ、真に学問を好む、君子《くんし》と呼ばれるべき人です。
言葉よりもまず、実践することに励《はげ》むことが大切です。

論語学而篇

道に志《こころざ》す

孔子曰く、敝《やぶ》れたる縕袍《おんぽう》を衣《き》て、狐貉《こかく》を衣《き》る者と立ちて恥じざる者は、其《そ》れ由か。

孔子曰く、士、道に志《こころざ》して悪衣、悪食《あくじき》を恥づる者は未だ与《とも》に議《はか》るに足らざるなり。

論語子罕《しかん》篇

孔子が、子路《しろ》の志《こころざし》の高いことをたたえていった言葉です。

自分は古びたどてらを着ていながら、狐や狢《むじな》の皮で作った立派な着物を着ている人たちに混じって、ぜんぜん恥ずかしがっていないのは子路《しろ》ですか。

また孔子はいいました。

いやしくも、仁義や道徳の修養《しゅうよう》に志《こころざ》していながら、粗末なものを着たり、粗末な食事をすることをはずかしいと思うようでは、そういう人とはまだ同じレベルで一緒に語り合ったり、意見交換はできません。

道を志《こころざ》す人は、心を内へ向けていなければいけません。衣食などの外面的なものに眼を奪われているようでは、まだまだです。

食を共にして飽かず

曲礼《きょくらい》に曰く、食を共にしては飽かず、飯を共にしては手を沢《うるお》さず。飯を摶《たん》することなかれ。放飯《ほうはん》することなかれ。流せつすることなかれ。咤《た》食することなかれ。骨を噛《か》むことなかれ。魚肉を反することなかれ。狗《いぬ》に骨を投げ与うることなかれ。固く獲《と》らんとすることなかれ。

礼記《らいき》にこうあります。

○ほかの人といっしょに食事をするときは、自分ばかり食べるようなことをしてはいけません。ほかの人に合わせてバランスよく食事をしなければなりません。

○食べ物に直接接する、はしやスプーン、フォークなどは、あまり汚してはいけません。手でつかんで食べるときも、指先をべたべたさせないように注意しなければいけません。

○ご飯はかきまわしたり丸めたりして食べてはいけません。おなかがパンパンになるまで食べてもいけません。なぜなら、ご飯をかき回したり丸めたりすると、おいしくてついつい量を食べ過ぎてしまうからです。

○スープ類は、音を立ててすすったり、食べるときクチャクチャと犬や猫のように舌を鳴らして食べてはいけません。

○魚や肉を食べるときには、骨までかんだり、肉や魚をひっくり返して食べるようなことをしてはいけません。

○よそで食事をご馳走《ちそう》になった場合は、いくら自分の食べた残りの骨だからといって、その骨をその家の犬に投げ与えるようなことをしてはいけません。与える場合は、与える方法とタイミングを良く考えて与えなければいけません。よその家に招待されていながら、そこの家の犬に食べ物を投げ与えるのは、出されたものを粗末に扱うこと、投げ与えるという行為が、相手を粗末に扱うことにつながる、この二つの理由でいけないのです。

○料理のうまそうなところを狙って絶対それが食べたいなどと、むりやり欲しがるようなことをしてはいけません。

礼記曲礼《らいききょくらい》篇

飯は白きをきわめず

論語に曰く、食《めし》は精《しろき》を厭《きわ》めず。膾《なます》は細きを厭《きわ》めず、食の饐《むれ》てすえ、魚のあざれて肉の敗《ふる》きは食わず。色の悪《あ》しきは食わず。臭の悪《あ》しきは食わず。煮るを失えるは食わず。時ならざるは食わず。割《きりめ》正しからざれば食わず。その醤《ひしお》を得ざるときは食わず。肉は多しと雖《いえど》も食気に勝たしめず。唯《た》だ酒は量無けれども乱に及ばず。沽酒《こしゅ》や市脯《しほ》は食わず。薑《はじかみ》を撤《てっ》せずして食う。

多く食わずと。

孔子は食べものについてこういっています。

○ご飯はあまり白く精米しないものにする。
○膾《なます》はあまり細かくきざまないように。
○むれてすっぱくなったようなご飯は食べない。
○古くなった魚や肉は食べない。
○色の悪いもの、臭いの悪いものは食べない。
○煮方が適当でないものは食べない。
○その季節にふさわしい旬《しゅん》の物を食べるようにし、時期をはずれた食べ物は食べない。
○肉などの切り方が悪いものは食べない。
○わさびなどの薬味《やくみ》の使い方が適当でないものは食べない。
○肉がいくらたくさんあって、食べなければもったいないという場合でも、食欲にまかせて食べたいだけ食べるようなことをしない。
○酒だけは、いくら飲んでもかまわないが、飲んでだらしなくなるほどは飲まない。
○どうやって作ったかわからないような、素性《すじょう》のはっきりしない酒を飲んだり、食料品などを食べない。
○料理に添えたつま、つまり、しょうがやさんしょうといった、添え物を除いて料理だけを食べるようなことをしない。
○腹八分目にして食べる習慣を持つこと。

論語郷党《きょうとう》篇

菜根《さいこん》を咬《か》む
汪信民《おうしんみん》嘗《つね》に言う。人常《ひとつね》に菜根《さいこん》を咬《か》み得《え》ば則《すなわ》ち百事做《な》すべしと。胡康侯《ここうこう》之を聞き、節を撃ちて嘆賞《たんしょう》せり。

汪信民《おうしんみん》という人がいつもいっていたことです。

いつも、葉っぱや大根をおかずに食事をするような質素《しっそ》な生活をし、そういう生活にこだわることなく満足することのできるような心の状態ができあがれば、どんな大きな目標でも達成することができる。

人間として生まれたからには、大きな目標を持ち、それに向かって精進することはすばらしいことです。ところが人間というものは、今持っている地位や財産を守ろうとして、こせこせした小さな欲にとらわれやすいものですから、できるだけ危険を避けようとしておじけづいてしまい、結局なにもできなくなってしまうことが多いのです。

失うものを多く持っている人ほど、守りの姿勢に入りやすいものです。しかし、守りの姿勢そのもの自体は悪いことではありません。守るということは大切なことです。しかし、「現在手にしているもの、つまり、お金や、地位や、名誉などの、自分にとって大切なもの、そういういろいろなもの」こういうものにこだわって、それを失いたくないという気持ちがあまりにも強いと、その気持ちが自分自身の心を乱し、正しい方向に進めなくなってしまうのです。だからそうならないために、自分自身の生活を平素から質素《しっそ》に慎《つつ》ましくして、そういうことに対する執着心を少なくしておくことが大切です。

これを聞いて、胡康侯《ここうこう》という学者が、手をたたいて感心したといいます。

呂氏師友雑録

身少しも動かず
劉公《りゅうこう》賓客を見て談論《だんろん》時を踰《こ》ゆるも体《たい》き側《そく》する無く、肩背竦直《けんぱいしょうちょく》にして身少しも動かず。手足に至《いた》るも亦移《またうつ》らず。

劉安世《りゅうあんせい》という人は、お客さんと何時間話をしていても、からだを傾けたりすることもなく、肩も背中も精神を集中してまっすぐにして身動き一つしなかったといいます。手足の動きも同じようにぴたりと決まっていたそうです。

このように人間が鍛えられてくるとむだな動きがなくなるものです。スポーツでも上達してくるとフォームにむだな動きがなくなります。普段の生活における人間の所作も同様です。決して動かないで固まってるのをほめているのではありません。

元城語録

榻《とう》上に座す
管寧嘗《かんねいつね》に一木榻《いちもくとう》上に坐《ざ》す。積《つも》って五十余年、未だ嘗《かつ》て箕股《きこ》せず。その榻《とう》の上の膝《ひざ》に当る処皆穿《うが》てり。

管寧《かんねい》という魏《ぎ》の国の哲人は、いつも木の床の上にきちんと正座して勉強していたそうです。そして繰り返すこと、つもり積もって五十年が経ちましたが、勉強するときには同じ場所に座り、一度もあぐらをくんだりして足をくずしたことがなかったので、木の床の管寧《かんねい》のひざのあたっていた部分は、管寧《かんねい》のひざに押されてすっかりくぼんでしまっていたということです。

いつも決まった場所できちんと姿勢を正して勉強すれば、頭脳もよく働きます。

魏志

※榻《とう》は、木でできた腰掛と寝台をかねた狭く長く低い床のこと。

終日端座《たんざ》

明道《めいどう》先生、終日端座《たんざ》して泥塑《でいそ》の如《ごと》し。人に接するに及んでは則《すなわ》ち渾《すべ》て是《こ》れ一団の和気《わき》。

程明道《ていめいどう》先生は、一日中姿勢を正してすわっていて、まるで泥で作った人形のように見えるのですが、いったん人と接すると、あたりがまるで和《なご》やかな雰囲気に包まれてしまう。そんなすばらしい人物です。

宋の時代（960～1279）の新興の儒学《じゅがく》者達は仏教や道教の影響をうけて、儒教の新しい解釈をするようになりました。このような新たな傾向の儒学《じゅがく》を宋学とよんでいます。北宋の時代に多くの優秀な学者が出ましたが、特にこの程明道《ていめいどう》と程伊川《ていいせん》という兄弟の学者が有名です。程明道《ていめいどう》先生は、穏やかで和《なご》やかな雰囲気、程伊川《ていいせん》先生の方は、理知的で鋭さを感じさせる人だったということです。

程氏《ていし》外書

君子《くんし》が貴《とうと》ぶところ

曾子《そうし》曰く、君子《くんし》、道に貴《とうと》ぶ所の者《もの》三あり。容貌を動かしては斯《すなわ》ち暴慢《ぼうまん》を遠ざかり、顔色《がんしょく》を正しては斯《すなわ》ち信に近づく、辞気《じき》を出しては斯《すなわ》ち鄙倍《ひばい》を遠ざかる。

その人の心の中身というものは、その人の立居振舞《たちいふるまい》や、顔色、言葉づかい、その人の雰囲気となって表れるものです。

粗暴で荒々しい心を持つ人は、粗暴で荒々しい行動をとりますし、心に誠意のない人の顔つきは、やはり誠意のないような表情となって表れます。

そこで、自分の容貌《ようぼう》や言動を洗練させていくこと。また、自分の顔と、表情に自分自身の心の真実が反映されるように、自分の心を作っていくことが大切です。

もう一つ大切なことは、自分の心のレベルを高めるように努めることです。

心のレベルが低いうちは、何をやってもギクシャクし、いろいろなものにぶつかります。ちょうど自転車に乗ることを覚えたばかりの子供が、うまく運転できずに転んだり、塀や電柱にぶつかったりするようなものです。

これは行動(運転)が道理にかなっていないからです。子供とぶつかる、夫婦が衝突する、人と話をすれば意見が衝突する。普段の生活の中にこういう問題がある人は、下手な自転車の運転と同じように、自分の行動(運転)のレベルが低く、その行動(運転)が道理にかなっていないことが原因です。

そして、こういう低レベルの心はすぐ、卑《いや》しい言葉づかいや雰囲気になって表れてしまいます。だから、その人の心のレベルは、いくら隠しても、その人の言葉づかいや雰囲気を観察すればすぐわかります。自分でチェックしてみれば一目瞭然です。

しかし、心のレベルが上がってくれば、衝突しなくなってきます。なぜならば、道理にかなった言動ができるようになるからです。だからこそ、よく自己鍛錬《たんれん》をして、卑《いや》しい言葉づかいを止め、自分の持つ卑《いや》しい雰囲気を遠ざけるようにしなければいけません。

曾子《そうし》

あやまちを聞くを喜ぶ

仲由《ちゅうゆう》、過《あやまち》を聞くを喜び、令名窮《れいめいきわ》まり無し。今人過《こんじんあやまち》有るも人の規《ただ》すを喜ばす。疾《やまい》を護《まも》って医を忌《い》むが如《ごと》し。寧《むし》ろその身を滅《ほろ》ぼすも而《しか》も悟《さと》ること無きなり。噫《ああ》。

ふつう、他人から自分のあやまちを指摘されたり注意されたりすると、その相手に不愉快な感情を持ったり、相手を怒ったり逆に批判しがちなものです。

しかし、孔子の弟子だった子路《しろ》は、自分自身のあやまちを他人に指摘されると、不愉快になるどころか、すぐに自分を反省して改め、注意してくれたその相手に感謝し、注意されたことをかえって喜ぶような立派な人格者だったということで、非常に評判の高い人です。

ところが今の人は、この子路《しろ》とは正反対で、自分に欠点やあやまちがあっても、人からそのあやまちを指摘されることを嫌がります。

これではまるで、病気にかかっていながら病院へ行きたがらないようなもので、結局その欠点やあやまちのために身を滅ぼすことになってしまいます。

そしてこういう人は、失敗した原因を自分以外のせいにしてしまうので、自分の欠点やあやまちのために失敗しながら、自分の欠点やあやまちのために失敗したんだということさえも悟《さと》ることができません。

本当にこまったものです。人の言葉を受け入れて自分の問題点を素直に認め、普段から自分の心を引き締めて反省する姿勢は、持ち続けたいものです。

周濂渓《しゅうれんけい》

胆大心小《たんだいしんしょう》

孫思《そんし》ばく曰く、胆《たん》は大ならんことを欲し、而《しこう》して心は小ならんことを欲す。智は円ならんことを欲し、而《しこう》して行《ぎょう》は方《ほう》ならんことを欲す。

何か心に決めてやろうとする場合は、その志《こころざし》、行動力や実践力、度胸《どきょう》などを高く大きくおおらかに持たなければいけません。

ただし、その志《こころざし》を具体的に実行しようとする場合には、その裏づけとして、こまかなところまで良く観察し、良く考え、臆病《おくびょう》なほどこまやかに細心の注意を注がなければいけません。

この、度胸《どきょう》良く、おおらかに大きく行動するということと、良く考えて臆病なほど細心の注意を払うこと、二つの面がうまくかみ合って初めて、いろいろなことがうまくいくのです。

その場合、知識というものは、偏《かたよ》りがちだから、できるだけ全体的に大きく見ていくことを心掛け、行動する場合は、ついついいろいろなものに流されがちだから、決めたことを決めた通り、きちんと行っていくことを心掛けなければいけません。

○考える場合の注意(細かいところにばかり目をやらず全体を見ること)

考えるというのは、つまりいろいろなことを分析して、わかろう、そして分析したことから一つの結論を導き出そうという作業です。こういう作業はえてして一面的になりやすいのです。そしていろいろ考えているうちに、とんでもない方向へ行ってしまったり、いろいろな解釈があるはずなのにどこか一つの解釈だけに偏《かたよ》ってしまって、なにかそれだけが正しいように思ったりしてしまいやすいのです。だからそのような自分の独断と偏見《へんけん》に陥《おちい》らないように、いつも全体的な面を意識し、いろいろな見方とらえ方というものを常に取り入れて、注意を払いながら、考えていかなければいけません。

○行動する場合の注意(筋道を立てた行動を心掛け、流されないように)

行動する場合は、必ず対象というものがあるわけです。朝起きる場合でも時間という対象がある。その対象に流されやすい。だから流されないように注意しなければいけません。「六時に起きたい、でも眠い」そこで流されてしまうわけです。人という対象も同様です。相手と仲良くしたいとか、反対に余計な軋轢《あつれき》を持ちたくない、けんかしたくないということで、ついつい人にも流されてしまいます。だからそうならないように、起きなければいけない時間にはきちっと起きる。また、相手に対しても、安易に迎合したり、衝突を避けたりするのではなく、流されずに、その時々に適切な対応をしていくという具合に、自分の行動にはきちんとした筋道を立て、その対象との相対関係を常に正しく保つ努力をしなければいけません。

○頭で考えるときは、できるだけ大きく柔軟《じゅうなん》にあらゆる角度から考える。行動する場合は、柔軟《じゅうなん》にならないで、できるだけきちんとした規範に従って行動する。こういう心掛けが大切なのです。

隠逸伝《おんいつでん》

先憂後楽《せんゆうこうらく》

范文正公《はんぶんせい》、少《わこ》うして大節《たいせつ》有り。その富貴《ふうき》、貧賤《ひんせん》、毀誉《きよ》、歓戚《かんせき》に於《お》いて一《いつ》もその心を動かさず。

而《しこう》して慨然《がいぜん》天下に志《こころざし》有り。嘗《かつ》て自《みずか》ら誦《しょう》して曰く、「士は当《まさ》に天下の憂《うれ》いに先んじて憂《うれ》い、天下の楽しみに後れて楽しむべきなり」と。その上《かみ》に事《つか》え、人を遇《ぐう》するに、一以《いちもつ》て自《みずか》ら信にし、利害を択《えら》んで趨捨《すうしゃ》を為《な》さず。その為す所有れば、必ずその方《みち》を尽して曰く、之《これ》を為《な》す我による者は当《まさ》に是《かく》の如くすべし。その成《な》ると否《いな》と我に在《あ》らざるある者は、聖賢《せいけん》と雖《いえど》も必《ひっ》する能《あた》わず。吾《わ》れ豈《あ》に苟《かりそめ》にせんやと。

範文正《はんぶんせい》は、若いときからきちんと自分の分限《ぶんげん》と、節度をわきまえていて、金持ちになりたいとか、高い地位につきたいなどという、人間の一般的な欲望などにはまったく心を動かすような人ではありませんでした。

しかし日常のこととは別に、天下に大きな志《こころざし》を立てていました。

たとえばこういうことをいっています。

人の上に立つものは、天下の状況が悪くなってきたときには、一般の人たちに先立って厭《いと》わず努力をしなければいけない。そして努力のかいあって、天下の状況が良くなってきても、一般の人たちが楽をするようになった後に、遅れて楽をするようでなければならない。

日常の生活で、範文正《はんぶんせい》が、上司に仕《つか》えたり、人と接しているのを見ても、その人柄は、たいへんよく顕《あらわ》れていたようです。

彼は、いつも自分からしっかりと約束を守り、この人と関係を持つと得をするとか、この人と一緒にいると損するとかいう、欲や利害によって、人についたりはなれたりするような姑息《こそく》なことは決してしませんでした。

また、自分の務《つと》めは必ず全力をつくし、しっかりと仕事をやり通しました。


また范文正《はんぶんせい》はいいました。

ひとたび自分が、自主的にやろうと思って始めたことは、必ずそうしなければいけないという、自分が自分に下した絶対命令だと思ってやらなければいけません。

自分が始めた仕事が、やった結果、成功するかしないかなどということは、あらかじめ考える必要などありません。なぜならばそれは、一生懸命努力してやったからといって必ず自分の思い通りになるものではないからです。

たとえどんなに立派な聖人がやったとしても、失敗するときは失敗するものです。

聖人でさえこのようにいろいろ考えて成功させるように努力しても、絶対ということはないのです。努力して行動したその結果は、いわば天命なのだから、そういうことにこだわっても仕方のないことです。

ただいえることは、聖人が一生懸命努力してその務《つと》めに取り組んでさえも、うまくいくかどうかはわからないのだから、ましてわれわれのようなものがいいかげんに取り組んだら、うまくいかないに決まっているということです。

だからわれわれが仕事をする場合は、成功するとかしないとかいうことを考える前に、自分の能力いっぱいに、ただ一生懸命やれるだけのことをやって、決していいかげんにしないということ。これがもっとも大切なことなのです。

欧陽文忠《おうようぶんちゅう》公文集

※范文正《はんぶんせい》は、北宋時代の名将軍として名高い人です。

「士はまさに、天下の憂《うれ》いに先んじて憂《うれ》い、天下の楽しみに遅れて楽しむ」という教えは、この人の言葉です。

下学して上達せん

明道《めいどう》先生曰く、聖賢の千言万語、只是《ただこ》れ人己に放《すで》てる心を将《はな》って、之《これ》を約《つづ》めて反復《はんぷく》身に入れ来たらしめ、自《おのずか》ら能《よ》く尋《たず》ねて向上し去り、下学《かがく》して上達せんことを欲するなり。

今の人は、せっかく昔から伝わってきた貴重な聖賢《せいけん》の教えがあるのに、こういった教えを勉強することも、実践することもないまま、自分の心の内からすっかり放り出してしまっています。

そして、大切なものをすっかり放り出してしまった心は、お金や物やいろいろな欲望にすっかり支配されています。

しかし、こういうことではいけません。こうなると自分の心は堕落《だらく》し、人として何より大切な自分自身の向上が妨《さまた》げられます。

そこで、

このへんでいいかげんに、大事なものを放り出してしまった自分自身の真心をもう一度よく見つめなおし、よく反省し、その放り出してしまった大切な教えを取り戻し、もう一度良く勉強して、自分自身を向上させるように努めなければいけません。

その場合大切なことがあります。

それは、学問をするときは、偉そうにしたり、少しぐらい知っているからといって知っているような顔をしないことです。

自分をただただ学ばせてもらうという低い立場において、できることから学んでいけば、少しずつ向上していくものなのです。

※聖賢《せいけん》は、聖人や賢人《けんじん》のこと。

程明道《ていめいどう》

学問する心得

顔氏家訓《がんしかくん》に曰く、人の典籍《てんせき》を借りては、皆須《すべか》らく愛護すべし。先に欠壊《けっかい》有らば、就《すなわ》ち為《ため》に補治《ほち》せよ。これ亦《また》士大夫《したいふ》百行《ひゃくぎょう》の一なり。済陽《さいよう》の江禄《こうろく》、書を読んで未だ竟《お》えざれば、急速有りと雖《いえど》も、必ず巻束整斉《かんそくせいさい》を待って然る後、起《た》つことを得たり。故に損敗《そんぱい》無し。人その仮《か》るを求むるを厭《いと》わず。几案《きあん》に狼藉《ろうぜき》し、部秩《ぶちつ》を分散することあらば、多く童幼婢妾《ひしょう》の為に点汚《てんお》せられ、風雨虫鼠《ちゅうそ》に毀傷《きしょう》せらる。実に徳を累《るい》すとなす。吾《わ》れ聖人の書を読む毎《ごと》に未《いま》だ嘗《かつ》て粛敬《しゅくけい》して之に対せずんばあらず。その故紙《こし》にても五経の詞義《しぎ》及び聖賢《せいけん》の姓名有れば敢《あえ》て他に用いざるなり。

顔氏《がんし》家の家訓には、次のようにあります。

人から本を借りたときは大切にしなければなりません。読む前に良く見て、破れていたり、壊れているところがあれば補修しなければいけません。

これは、人の上に立つものとして行わなければいけない百か条のうちの一つです。

山東省の済《さい》という川の北に住んでいる、江禄《こうろく》という人も、もちろん、人から借りた本はきちんと補修してから読みました。しかし江禄《こうろく》は、それればかりではなく、読書を途中で止めるときは、どんな急用があっても、必ず本を閉じ、丁寧《ていねい》に書棚にしまってからでなければ席を立たなかったということです。

だから江禄《こうろく》の読んだ書物が、汚れたり、いたんだり、壊れたりすることはありませんでした。

そこで人々は、江禄《こうろく》に書物を貸すと、いたむどころか、かえって良くなって戻ってくるので、江禄《こうろく》に書物を貸すことを嫌がらなかったということです。

机の上に、そのまま放りっぱなしにしておけば、たいがい小さな子供たちや、家にいる誰かに汚されたり、雨や風や虫やねずみなどによって、傷つけられたり壊《こわ》されたりするものです。

だから江禄《こうろく》の、こういう行いは、実に徳を重ねることなのです。

わたくしなども聖人の書物を読むときには、必ず厳粛に敬《うやま》って、その書物に向かっています。そして、たった一枚のページであったにせよ、かりにどんなにぼろぼろの古い紙であったとしても、そのページに、五経《ごきょう》のことばや聖賢《せいけん》の名前が書いてあれば、いまだかって絶対に、粗末《そまつ》にするなどということはしたことがありません。

学問をすることによって、ほんとうに自分自身を向上させていきたいと思っている人ならば、自《おの》ずから本も大切に扱っているはずですし、たとえそまつな紙切れであったとしても、自分が学び尊敬する聖賢《せいけん》たちの名前がかかれているようなものは、粗末《そまつ》にできないものなのです。あなたの愛する人、かわいい子供、心から尊敬する人、こういう人からいただいたプレゼント、そまつにできますか？　同じことなのです。ほんとうに心から愛していれば、ほんとうに心から尊敬していれば、たとえ紙切れでも決してそまつにはできなくなるものなのです。

顔氏家訓《がんしかくん》

※五経《ごきょう》というのは、書経《しょきょう》や易経《えききょう》など、昔から伝わっている学問をするための参考書のこと。他、詩経《しきょう》、礼記《らいき》、春秋《しゅんじゅう》があります。

※聖賢《せいけん》というのは、聖人と賢人《けんじん》。つまり、徳に優れ賢い人たちのことです。

学問の目的(一)

顔氏家訓《がんしかくん》に曰く、夫《そ》れ読書学問する所以《ゆえん》は、もともと心を開き目を明らかにし、行《おこな》いに利《と》

からんことを欲するのみ。未《いま》だ親《しん》を養うを知らざる者には、その古人《こじん》が、意に先んじ、顔を承《う》け、声を怡《やわ》らげ、気を下《くだ》し、劬労《くろう》を憚《はばか》らず、以て甘《かん》なんを致すを観《み》て、惕然《てきぜん》として慙懼《ざんく》し、起《た》って而《しこう》して之《これ》を行なわんことを欲するなり。未だ君に事《つか》うることを知らざる者には、其《そ》の古人《こじん》が、職を守りて侵《おか》す無く、危《あや》うきを見て命《めい》を授《さず》け、誠諌《せいかん》を忘れずして以《もっ》て社稷《しゃしょく》を利するを観《み》て、惻然《そくぜん》として自《みずか》ら念《おも》い、之《これ》に效《なら》わんと思欲《しよく》せんことを欲《ほっ》するなり。

顔氏《がんし》家の家訓に次のようにあります。

本を読んだり、学問をしたりする目的は何かといえば、自分本来の素直な心をとり戻し、いろいろなものを見る目を明らかにして、良い行いができるようにするためです。

まだほんとうの親孝行を知らない人には、先輩達が、親の顔色を見て何をして欲しいかを見抜いたり、親の面倒を見ていて腹の立つことがあっても、そこをぐっとこらえて、苦労をいとわず、やさしく声を和《やわ》らげて親に接し、親が甘くやわらかくいい気持ちになるように、一生懸命つくす姿を見て、立派なことだと尊敬し自分の心を引き締めて、今までの親不孝だった自分を恥じて、自《みずか》ら進んで親の面倒を見たいと思うようになって欲しいのです。

まだ上司に仕えたことがない人には、先輩達が、きちんと自分の職分を守り、何か問題が発生したときは命がけでこれを解決し、上司に間違いがあったときには、誠意を持って上司の間違いを補佐しながら、一生懸命その組織を守っている姿を見て、上司に仕える先輩達のご苦労を哀《あわ》れみ心を痛め、自分も先輩達を見習っていかなければならないと思うようになって欲しいのです。

学問の目的(二)

素《も》と驕奢《きょうしゃ》なる者には、その古人《こじん》が、恭倹《きょうけん》にして用を節《せっ》し、卑以《ひもっ》て自《みずか》ら牧《やしな》い、礼は教えの本《もと》たり、敬《けい》なるものは身の基《もとい》なることを観《み》て、瞿然《くぜん》として自失し、容《かたち》を斂《おさ》め、志《こころざし》を抑《おさ》えんことを欲するなり。素《も》と鄙吝《ひりん》なる者には、その古人《こじん》が、義を貴び財を軽《かろ》んじ、私《わたくし》を少《すく》なくし、慾を寡《すく》なくし、盈《み》つるを忌《い》み、満つるを悪《にく》み、窮《きゅう》を賑《にぎわ》し、匱《とぼ》しきを恤《あわれ》むを観《み》て、赧然《たんぜん》として悔《く》い恥じ、積《つ》みて能《よ》く散《さん》ぜんことを欲するなり。素《も》と暴悍《ぼうかん》なる者には、その古人が、心を小にし、己《おの》れを黜《しりぞ》け、歯は敝《やぶ》るるも舌存《したそん》し、垢《こう》を含み疾《しつ》を蔵《ぞう》し、賢《けん》を尊び衆《しゅう》を容《い》るるを観《み》て、でつ然《ぜん》として沮喪《そそう》し、衣に勝《た》えざるがごとくならんことを欲するなり。

もともと贅沢《ぜいたく》な人には、先輩達が、人に対しては恭《うやうや》しく接し、自分の行いは慎《つつし》み深くし、生活を節約して質素《しっそ》な生活をしていること、そして、礼儀が教育の基本だということをしっかりと認識して、相手を敬《うやま》い、自分自身を向上させていること、などが「社会人として一人前になることだ」という信条にもとづいた生き方をしている姿を見て、贅沢《ぜいたく》をする意味のなさを感じ、自分の生活スタイルを変えて、贅沢《ぜいたく》しようという気持ちを抑えて欲しいのです。

心がケチな人には、先輩達がお金や物よりも、人間が行わなければいけない筋道を大切にし、自分一身に関することについて一切無欲であり、満ち足りることを嫌い、困っている人には施《ほどこ》し、貧しいものには憐《あわ》れみを注いでいる姿を見て、いままでの自分のケチを悔《く》い、顔を赤くするほどはずかしく思って、もうけた財貨を有効に使うようにして欲しいのです。自分の価値観を変えることができれば、贅沢《ぜいたく》などは意味のないことになります。本当に自分にとって価値あることは何なのか、自分で見極めなければいけません。

粗暴《そぼう》で気が荒い人には、先輩達が自分を無にしてよく人に心配りをしてあげ、硬い歯は欠けても、やわらかい舌は欠けないという道理をよくわきまえて、人と争うようなことをせず、自分は辱《はずかし》められても、悩みがあっても、よく胸に収め、目上の人を尊敬し、目下の人をよく受け入れる姿を見て、すっかりしおれ、粗暴《そぼう》な気力がくじけてなくなるようにして欲しいのです。人と争えば、たとえ勝っても、自分も傷つくことが多いのです。

学問の目的(三)

素《も》と怯懦《きょうだ》なる者には、その古人が、生《せい》に達し命《めい》に委《ゆだ》ね、強毅正直《きょうきせいちょく》、言《げん》を立つる必ず信あり、

福《さいわい》を求めて回《まが》らざるを観て、勃然奮励《ぼつぜんふんれい》し、恐懼《きょうく》すべからざらんことを欲するなり。これを歴《へ》て以往《いおう》、百行皆然《みなしか》り。縦《たと》え淳《じゅん》なる能《あた》わずとも、泰《たい》を去り甚《じん》を去り、これを学んで知る所《ところ》、施《ほどこ》して達せざる無し。世人《せじん》書を読んで但《た》だ能《よ》く之を言うも、これを行なうこと能《あた》わず。武人、俗吏の共に嗤詆《してい》する所《ところ》、良《まこと》に是《こ》れに由《よ》るのみ。又数十巻の書を読むあれば、便《すなわ》ち自《みずか》ら高大《こうだい》にし、長者《ちょうじゃ》を凌忽《りゃうこつ》し、同列を軽慢《けいまん》す。人これを疾《にく》むこと讎敵《しゅうてき》の如《ごと》く、これを悪《にく》むこと鴟梟《しきょう》の如《ごと》し。此《かく》の如《ごと》きは学を以《もっ》て益を求めて今反《いまかえ》って自《みずか》ら損《そん》ず。学無きに如《し》かざるなり。

生まれつき気が弱くて臆病《おくびょう》な人には、先輩達が自分の人生を強くまっすぐに生き、いうことばには必ず真実があり、目標に向かって突き進み、中途でくじけない姿を見て、にわかに気力を奮い起こし、何ものも恐れないようになって欲しいのです。

学問というものはこういうことから始めるのですが、どんなことであろうと基本的にはみな同じことです。

今あげたようなことが、たとえ先輩とまったく同じようにできなくても、人と比較して少しでも悪い部分がなくなるように、一生懸命勉強して、わかったことから実行していくこと。

これが本当の学問というものです。

一般の人たちはちょっと本を読んで、わかったようなことを口先でいろいろいうのですが、実際には、自分でいっていながら、いっていることを実践している人は少ないのです。軍人や俗物《ぞくぶつ》の役人達が笑われ、ばかにされるのは、結局口で良いことをいいながら実行しないからなのです。

また、ちょっと何十冊かの書物を読んで人の知らないことを知ってくると、すぐいい気になって、目上の人を飛び越えて偉そうにするようになります。そして、自分と同列の人たちのことは見下すようになってしまう。こうなると、みんなから目のかたきにされるようになってしまいます。

こういうことでは、自分のために学問をしてかえって、自分をだめにしていることになります。このような自分をだめにしてしまうような学問ならば、むしろ学問などしない方がいいのです。

学問などなくても良い人はたくさんいるのですから。

顔氏家訓《がんしかくん》

克己復礼(一)

伊川《いせん》先生曰く、顔淵《がんえん》、己《おのれ》れに克《か》ち礼を復《ふ》むの目《もく》を問う。孔子曰く、非礼《ひれい》視《み》ること勿《なか》れ、非礼《ひれい》聴くこと勿《なか》れ、非礼《ひれい》動くこと勿《なか》れと。四者は身の用なり。中に由《よ》って外に応《おう》ず。外に制

するはその中を養《やしな》う所以《ゆえん》なり。顔淵斯《がんえんこ》の語を事とす。聖人に進む所以《ゆえん》なり、後の聖人を学ぶもの、宜《よろ》しく服膺《ふくよう》して失うことなかるべきなり。因《よ》って箴《しん》して以て自《みずか》ら警《いまし》む。

程伊川先生《ていいいせん》が、次のようにいわれました。

顔淵《がんえん》が孔子に尋ねました。

「『自分のいろいろな欲望に勝って、自分と全体とを調和させることが礼だ』と、先生はいわれましたが、その礼を具体的に実践するためにはどうすればいいのでしょうか」。

すると孔子は次のように答えました。

○礼に外れたことは視ないこと
○礼に外れたことは聴かないこと
○礼に外れたことは話さないこと
○礼に外れたことは行わないこと

「見ること、聴くこと、いうこと、行動することは、肉体の作用です。ひとりでに見えているわけではなく、視ているのですし、聞こえているのではなく、聴いているわけです。

視ようとする意思があるから視ることができるのですし、聴こうとする意思があるから聴くことができるわけです。

そして、視る、聴く、いう、行う、というこの四つの働きは、肉体をコントロールしている心の働きによって外からの刺激に反応しています。

そこで、心に影響を及ぼす外からの刺激に対して、心と外とを中継する四つの働き(視、聴、言、動)を自分の意思でコントロールすることができれば、意志の力で自分の心を養っていくことができるのです。」

この孔子のことばを聞いて、顔淵《がんえん》はこれを自分が研究する生涯《しょうがい》のテーマとしました。顔淵《がんえん》が聖人の道に進んだきっかけになったことばです。

これから聖人の教えを勉強しようとする者は、この四つの働きを自分の意思でコントロールし、「自分の意志の力で自分の心を養っていく」ということを自分の悪いところを直す、鍼灸《しんきゅう》の針のようなものとして、常に心におかなければいけません。
※外界からの刺激は視聴言動(心と刺激を中継する働き)を経て、心の働きと連絡しているのです。
※外界からの刺激は、心の働きによって、視聴言動という形で意識されているのですから、

逆にこの心と刺激とを中継する働き、視聴言動を自分の意志の力で良い方向にコントロールできれば、自分の心を良いものにしていけるということです。

※礼とは、自分と相手との関係がうまく秩序を保って調和している状態のことをいいます

人間の体には心臓もあれば、肝臓もある、胃もある、こういうそれぞれの個としての臓器が、それぞれ個として独自に働いていながら、体全体の部分として存在し、そして全体がうまく秩序を保ち調和している。こういう状態を礼にかなっているといいます。

そして調和していない状態、つまり礼にかなっていない状態を病《や》んでいる状態といいます。

※ですから自分の意志の力で自分に勝つ、そしてこの調和を乱すようなことを視ない、聴かない、話さない、行わないということが、己の欲望を克服して礼を実践するための手がかりになるのです。

克己復礼(二)

その視箴《ししん》に曰く、心は本《もと》虚。物に応じて迹《あと》無し。これを操《と》るに要あり。視《し》これが則《のり》たり。蔽《へい》、前に交《まじわ》れば、その中《うち》、則《すなわ》ち遷《うつ》る。之《これ》を外に制して以てその内を安んず。己《おのれ》に克《か》ちて礼を復《ふ》む。久しうして而《すなわ》ち誠《まこと》なり。

○視ることについての注意事項

心というものはもともと何もない空っぽの状態が普通です。その空っぽの状態のところへいろいろな刺激が飛び込んでくるので、その刺激に応じてそれぞれ反応を示しますが、その刺激が去ってしまえば、またもとのように空っぽの状態にもどります。

こういう性質を持った心をしっかりコントロールすることのできる要《かなめ》が、視るという働きです。この視るという働きが心を左右する大切な規準です。

しかしこの視るという働きも、目の前が何かに覆《おお》われてしまえば、何も視えなくなってしまいます。当然心も正しい情報が入ってきませんので正しい判断ができなくなってしまいます。

そこで、視るという働きを自分自身でコントロールして、自分の心を安定させることが必要になるのです。

自分自身に打ち勝って正しく視ること、そして心に正しい情報を提供し心を安定させること、こういうことが大切なのです。

そして、自分に勝って礼を実践する。つまり、自分自身を全体に調和させていくことを実践し続けることができれば、自分を誠実な人物に仕上げていくことができるのです。

たとえば、おなかがどうしようもなくすいているときに、自動車で初めての町を探しながら友人の家に行くようなときがあります。こんなときはおなかがすいていますから、やけに、そば屋やレストランの看板が目につきます。ガラス越しに見えるレストランの中のようすも目につきます。こんな状態でまわりをキョロキョロ見ながら走っていて、思わず、曲がらなければいけない肝心の交差点を見落として通り過ぎてしまったりすることがあります。当然、曲がらなければいけない交差点は目に見えてはいるのでしょうが、そば屋やレストランの看板のほうにさえぎられて、心に正しい情報として入ってこないわけです。また、「あばたもえくぼ」ということもあります。好きだという気持ちが相手の顔を実際より良く見せてしまう。こういうことも正しい情報入手を妨げていることになります。

克己復礼(三)

その聴箴《ちょうしん》に曰く、人へいいあり。天性に本づく。知誘《あざむ》かれ物に化《か》され、遂《つい》にその正を亡う。卓《たく》たる彼《か》の先覚《せんかく》、止《とど》まるを知り定まるあり。邪《じゃ》を閑《ふせ》いで誠を存《そん》す。非礼《ひれい》聴くこと勿《なか》れ。

○聴くことについての注意事項

人間には、ホメオスタシスという、外的内的環境の絶えざる変化の中におかれながら、形態的生理的状態を一定に保とうとする性質があります。

しかしながら余計なことを聴いてこの性質を乱し、正しい判断力を失ってしまうことがあります。

正しい判断力を失うということは、「君は最近やせてきたね」などといわれ、なまじ中途半端な医学知識があるばかりに、自分はどこか悪いんじゃないかと気に病んで、そのストレスから本当に胃潰瘍《いかいよう》になったりガンになったりすることがあるそうですが、いわばそういったことです。また、「君は頭がいい、優秀だ」とか、「あなたはすばらしいプロポーションだ、ぜひモデルになりませんか」とか、いろいろおだてられて、なまじちょっと自信があるばかりに、その気になって進むべき道を間違ったり、誘惑に負けてしまったり。また、まったく反対に、けなされたりそしられたりして、心を乱され、正しい判断力をなくしてしまうことがありますが、こういうことです。

そこで優秀な先輩達は、本当の自分、絶対値としての自分自身をよく知って、自分自身の立場を良くわきまえ、外からの邪悪なことばに耳をかさずに自分自身の誠実さを保ち続けようとするのです。

だから非礼、つまり自分と全体との調和を乱すようなことばを聴いてはいけないのです。

克己復礼(四)

その言箴《げんしん》に曰く、人心の動は言に因《よ》って以《も》って宣《の》ぶ。発するに噪妄《そうぼう》を禁ずれば、内斯《うちすなわ》ち静専《せいせん》なり。矧《いわ》んや是れ枢機《すうき》にして、戎《じゅう》を興《おこ》し好《こう》を出《いだ》し、吉凶栄辱《きっきょうえいじょく》、惟《こ》れその召《まね》く所なるをや。易《い》に傷《やぶ》れば則《すなわ》ち誕《たん》、煩《はん》に傷《やぶ》れば則《すなわ》ち支《し》、己《わ》れ肆《ほしいまま》なれば物忤《さから》う。出づること悖《もと》れば来《きた》ること違《たが》う。非法《ひほう》道《い》わず。欽《つつ》しめや訓辞《くんじ》。

○ことばについての注意事項

人の心の動きというものはことばによって表現されるものです。騒がしい、でたらめな、ことばで話さないようにすれば、自分の心は自然と静かに落ち着いてくるものです。

易経《えききょう》にも、ことばは、上に立つものの要《かなめ》になるものだとあります。

たった一言がけんかの始まりにもなりますし、なかなおりのきっかけにもなります。運の良し悪しも、栄誉をうけるのも恥辱《ちじょく》にまみれるのも、すべて自分が話すことばが招いてくるものです。

○粗末《そまつ》に適当に話せば、相手も適当にどうでもいいようにしか受け取らない。

○こまごま話しすぎれば、支離滅裂《しりめつれつ》になって何がなんだかわからなくなってしまう。
○自分勝手なことばかりいっていれば、相手はことごとく反発する。
○筋道から外れた話をすれば、また筋道から外れた返事が返ってくる。

だから道理に外れるようなことはいってはいけないのです。
孔子の訓辞《くんじ》はしっかりと守り慎《つつし》んでいかなければいけません。

※訓辞《くんじ》　教え導くためのことば
※易経《えききょう》は、四書五経《ししょごきょう》の一つ。「経《けい》」といわれる本文と「伝」といわれる解説文からなる。伝は十篇からなるため、十翼《じゅうよく》とよばれる。十翼がつけくわえられたことで儒学《じゅがく》第一の経典としての地位があたえられている。

克己復礼(五)

その動箴《どうしん》に曰く、哲人《てつじん》幾《き》を知る。之《これ》を思《し》に誠にす。志士《しし》行を励《はげ》む。之《これ》を為《しわざ》に守る。理に順《したが》えば則《すなわ》ち裕《ゆたか》なり。欲に従えば惟《こ》れ危うし。造次《そうじ》にも克《よ》く念《おも》い、戦兢《せんきょう》自《みずか》ら持し、習い性と成れば、聖賢と帰《き》を同じうす。

○行動についての注意事項

哲人といわれる学者や、見識高く道理に通じた人は、物事の微妙な事情やおもむきを良く理解して、自分の考えを誠実なものにしていきます。

高い志《こころざし》を持つ人は、正しい行動の実践に励み、その行動の正しさを維持します。

自分の行動が、きちんとコントロールされて、道理、つまり人の行わなければいけない正しい筋道に従って行われれば、ゆとりが生まれてきます。

反対に、自分の欲望に負けた行動をとれば、危険な状態に陥《おちい》ります。

どんなわずかな時間でも、「欲望に負けて危険な状態に陥《おちい》ってしまった」ときのことをいつも恐れながら、「人の行わなければいけない正しい筋道に従って行動する」ことを念頭に置いて、慎重に行動しなければならないのです。

こういうことに長期間精進できるようになって、自分の生活の中で習慣化されるようになれば、結果として、あなたは、聖人や賢人《けんじん》に匹敵しているということになるのです。

※聖人、賢人《けんじん》、　知徳の最も優れた人たちのこと

范益謙座右戒

氾益謙《はんえきけん》座右の戒に曰く、

一、朝廷の利害、辺報、差除《さじ》を言わず。

二、州県官員の長短得失を言わず。

三、衆人作《な》す所の過悪を言わず。

四、仕進官職、時に趨《はし》り勢に附くを言わず。

五、財利の多少、貧を厭《いと》い、富を求むるを言わず。

六、淫せつ、戯慢《ぎまん》、女色を評論するを言わず。

七、人の物を求べきし、酒食を干索《かんさく》することを言わず。

又曰く、

一、人書信を附すれば開拆沈滞《かいたくちんたい》すべからず。

二、人と並び坐して人の私書を窺《うかが》うべからず。

三、凡《およ》そ人の家に入りて人の文字を見るべからず。

四、凡《およ》そ人の物を借りて損壊不還すべからず。

五、凡《およ》そ飲食を喫するに揀択《かんたく》去取すべからず。

六、人と同じく処《お》るに、自《みずか》ら便利を択《えら》ぶべからず。

七、人の富貴を見て嘆羨詆毀《たんせんていき》すべからず。

凡《およ》そ此《こ》の数事、之《これ》を犯す者あれば以て用意の不肖を見るに足る。心を存し身を修むるに於《お》いて大いに害する所あり。因《よ》って書して以《もっ》て自《みずか》ら警《いまし》む。

范益謙《はんえきけん》は、座右《ざゆう》の戒《いましめ》として次のようにいっています。

一、自分がその立場にないときや、何も内情がわからないときには、組織の利害や、組織の運営方針、人事のことなどについては発言しないこと。
二、周囲の人たちの良し悪し、成功や失敗などについては評論しないこと。
三、部下、一般の人たちの過《あやま》ちや、よくない行いについてはいわないこと。
四、組織の役職についた場合は、時の勢力について走り回ったり、機嫌《きげん》をとるようなことはいわない。
五、人や自分の財産が多いとか少ないとか、貧しさを嫌がったり、裕福になることを求めるようなことはいわないこと。
六、みだらなこと、不真面目なこと、だらしのないこと、そして色事や、女性の容貌《ようぼう》などについていろいろ話したりするようなことをしないこと。
七、人のものを欲しがったり、酒食のもてなしを求めたりするようなことはいわないこと。

また、

一、手紙をもらって開封しないでそのままにしておいたり、返事が必要なものに、返事をしないで放っておいたりしないこと。
二、人の隣にすわったら、人の個人的な文書をのぞき見しないこと。
三、人の家をたずねたときには、他人が個人的に書いたものを見たりしないこと。
四、人から物を借りたら、壊したり傷つけたり、返さなかったりしないこと。
五、飲食をする場合は、好き嫌いをいわないこと。
六、人と一緒にいるときに、自分だけ都合《つごう》のいいことをしないこと。
七、人の富貴《ふうき》を見て、うらやんだり、悪口をいったりしないこと。

東莱弁志録

ここにあげたことのいくつかでも犯すことがあれば、心掛けがなってないということになり、自分を修養《しゅうよう》していくときの大きな害になってしまいます。だから、自《みずか》ら紙に書いて戒《いましめ》としたのです。

正誼明道《せいぎみょうどう》

董仲舒《とうちゅうじょ》曰く、仁人《じんじん》はその誼《ぎ》を正しうしてその利を謀《はか》らず。その道を明らかにしてその功を計らずと。

董仲舒《とうちゅうじょ》は、次のようにいっています。

仁の道に達した人は、

○道義《どうぎ》をどのようにすれば正しく理解できるのか。

○正しく理解した道義《どうぎ》をどのようにして、具体的に進むべき正しい道として明らかにできるのか。

ここを明確にし、その道を実践することを主眼として行動します。そして、その結果どういう利益がもたらされるのかということは、自然の結論にまかせて勘定《かんじょう》にいれないものです。人というものは、どうすれば利益を得ることができるかということを先に考えるものです。しかしみんなそれぞれの立場で利益を追求するわけですから、どこかでかならず衝突することになるわけです。そうなればお互い、利益どころではなくなります。だから、お金儲けや、この仕事をするとどういう利益があるかということを主として考えて仕事をするのではなく、まず人が行わなければいけない正しい道を実践することを主眼にすることが大切なのです。

結果はその後のことなのです。決して、利益を求めてはいけないというのではありません。どちらを優先するかということです。

漢書

※正誼《せいぎ》は、道義《どうぎ》を正しく知ること。明道《みょうどう》は、正しく知った道義《どうぎ》を具体的に実践する方法を明らかにすること。

世利《せり》を求めず

呂正献《りょせいけん》公、少《わかき》より学を講ずるに、即《すなわ》ち心を治め性を養うを以て本と為《な》し、嗜慾《しょく》を寡《すくの》うし、滋味《じみ》を薄《うす》うし、疾言遽色《しつげんきょしょく》無く、窘歩《きんぽ》無く、惰容《だよう》無し。凡《およ》そ嬉笑《きしょう》、俚近《りきん》の語、未だ嘗《かつ》て諸《これ》を口より出さず。世利、紛華《ふんか》、声伎《せいぎ》、遊宴《ゆうえん》より以《もっ》て博奕《ばくえき》、奇玩《きがん》に至るまで淡然として好む所《ところ》無《な》し。

呂哲《りょてつ》という人は、若いときから学問をする手段として、まず自分の心を正しく治め、自分自身の生まれつきの性質をよりよく変えていくということを根本にしていました。
そのため、芸事《げいごと》や一般的なたしなみについての関心はなく、おいしいものに対する関心もなく、早口で話したり、急に顔色を変えたり、せかせか歩いたり、だらしなくするというようなことがありませんでした。

大笑いをしたり、俗っぽいことばを口に出すこともありませんでした。世間的な利益や、晴れがましいこと、音楽、歌や踊り、宴会はもちろんのこと、かけごとや珍しい道具などについても、まったく興味を示すことがありませんでした。貧乏など苦にせず、物欲や出世などにとらわれないで、自分の心境を高めていくことこそ、根本にすべき大切なことなのです。

呂申公家伝

※世利《せり》は、物欲など世間的な利益のこと。

世味《せいみ》淡白

胡文定《こぶんてい》公曰く、人は須《すべか》らく是《こ》れ一切の世味淡薄《せいみたんぱく》にして方《まさ》に好《よ》かるべし。富貴の相あらんことを要せず。孟子《もうし》謂《い》う、堂の高さ数仞《じん》、食前方丈《ほうじょう》、侍妾《じしょう》数百人、吾《わ》れ志《こころざし》を得とも為《な》さずと。学者須《すべか》らく先ず此等《これら》を除去して常に自《みずか》ら激昂《げきこう》すべし。便《すなわ》ち墜堕《ついだ》を得るに到らず。常に愛す、諸葛孔明《しょかつこうめい》、漢末に当たって南陽《なんよう》に躬《みずか》ら耕し、聞達《ぶんたつ》を求めず。後来劉《こうらいりゅう》 先主の聘《へい》に応じ、山河を宰割《さいかつ》し、天下を三分し、身、将相《しょうそう》に都《お》り、手、重兵を握る。亦《また》何を求めてか得ざらん、何を欲してか遂《と》げざらんと雖《いえど》も、乃《すなわ》ち後主の與《ため》に言えらく、成都《せいと》に桑八百株、薄田《はくでん》十五頃《けい》あり。子孫の衣食自《みずか》ら余饒《じょう》あり。臣が身は外に在って別に調度無し。別に生を治めて以《もっ》て尺寸《せきすん》を長

ぜず。死するの日の若《ごと》き、廩《くら》に余粟《よぞく》有り、庫に余財《よざい》有らしめて、以《もっ》て陛下に負《そむ》かじと。卒《しゅっ》するに及んで果してその言の如《ごと》し。此《かく》の如《ごと》き輩《やから》の人、真に大丈夫と謂《い》うべしと。

人間というものは大体にして、世の中の味、つまり物欲を始めいろいろな欲望などというものには淡白くらいでちょうどいいのです。別に高貴な身分だったりお金持ちだったりする必要はありません。

「たとえ、志《こころざし》を遂げて出世したとしても、自分は、立派な御殿《ごてん》で、たくさんの召使たちに囲まれて、すばらしいご馳走《ちそう》を食べるなどということは、絶対しない」と、孟子《もうし》はいっていますが、学問を志《こころざ》している人は、まずこういったいろいろな欲望を取り除いて、自《みずか》らを高めてもらいたいものです。そうすれば、堕落《だらく》してしまうことはありません。

わたしの好きな話があります。

諸葛孔明《しょかつこうめい》は漢の時代の終わりに、南陽にいて自《みずか》ら畑を耕して生活し、少しも出世することなど求めていませんでした。

後に劉備《りゅうび》の招請に応じて、山や川を取り仕切り、「天下三分の計」を立てて将軍となり、軍を掌握《しょうあく》しました。

この時の孔明《こうめい》には、何を求めても手に入らないものはなかったし、何を欲してもできないということはなかったのです。

しかし孔明《こうめい》は、劉備《りゅうび》の子、劉禅《りゅうぜん》にこういいました。

「わたしの故郷には、桑の木が八百株、荒れた田地だけれども百アールほどの土地もあり、子孫の衣食に使うには余るほどです。

臣下であるわたしの身は外にあり、別に身の回りの品というものもありません。別に生きてさえいればこれ以上どうということもありません。

だから、もしわたしが死んだとき家を調べたら、倉に食料がたくさんあったり、お金もたくさんあったりするような、陛下にそむくようなことはけっしていたしません」

胡《こ》氏伝家録

やがて孔明がなくなったとき、果たしてその言葉通りだったのです。このような人こそ、真に大丈夫《だいじょうぶ》というのです。

※世味《せいみ》は、物欲や出世などのいろいろな欲望、甘いとか辛いとかいう、一般的にいうところの世の中の味ということ。
※大丈夫《だいじょうぶ》　立派な男子のこと

古先《こせん》に及ばず

胡子《こし》曰く、今の儒者、文芸を学び、仕進《ししん》干《もと》むるの心を移して以《もっ》てその放心《ほうしん》を収め、而《しこう》してその身を美くせば、即《すなわ》ち何ぞ古人に及ぶべからざらんや。父兄は文芸を以《もっ》てその子弟に令《れい》し、朋友は仕進《ししん》を以《もっ》て相招く。往《おう》いて而《しこう》して返らざれば、即《すなわ》ち心始めより荒《すさ》んで而《しこう》して治まらず。万事の成ること、咸《みな》古先に逮《およ》ばず。

胡子《こし》はこういいました。

今の学者たちは、自分自身を修養《しゅうよう》するというより、自分たちが世間の名声を得たり、自分達を出世させる目的のために、学問や芸術を勉強しています。

しかし、そうした自分の名声を得るためや出世のために勉強するというようなところに移ってしまっている気持ちを、一度純粋に勉強する方へ引き戻して、自分自身をよく修めるように努力すれば、どうして昔の人に及ばないということがありましょうか。

ところが親たちは、出世のための勉強をしなさいという。

友人たちは、名声と出世のために派閥《はばつ》を作りコネを使って引っ張り合う。

そんなことばかりやっていて反省することがなければ、それぞれの心は始めから荒《すさ》んでしまい、一向に治まらないので、いろいろなことすべてが昔の人たちに及ばなくなってしまいます。

自分の出世や名声を得るための勉強は、自分を向上させるのではなく、向下させてしまうものです。学者たちが、そのような勉強ばかりしているから、本質的な文化はいっこうに進歩しない、つまり古人たちに及ばないというのです。

胡子《こし》知言

※古先《こせん》は、昔の先哲たちのこと。

開物成務《かいぶつせいむ》

明道先生曰く、道の明らかならざるは異端《いたん》之《これ》を害すればなり。昔の害は近うして而《すなわ》ち知り易し。今の害は深うして而《すなわ》ち弁じ難し。昔の人を惑わすやその迷暗に乗じ、今の人に入るはその高明に因《よ》る。自《みずか》ら之《これ》を神《しん》を窮《きわ》め化《か》を知ると謂《い》いて、而《しか》も以《もっ》て物を開き務《つとめ》を成すに足らず。言、周へんならざるなしと為《な》して、実は即《すなわ》ち倫理に外《はず》れ、深を窮《きわ》め微を極めて而《しか》も以《もっ》て尭舜《ぎょうしゅん》の道に入るべからず。天下の学、浅陋固滞《せんろうこたい》に非《あら》ずんば即《すなわ》ち必ず此《こ》れに入る。道の明らかならざるに自《よ》るなり。邪誕妖妄《じゃたんようもう》の説競《きそ》い起こり、生民《せいみん》の耳目《じもく》を塗り、天下を汚濁《おだく》に溺《おぼ》らしむ。高才明智と雖《いえど》も見聞に膠《なづ》み酔生夢死《すいせいむし》して自《みずか》ら覚らざるなり。是《こ》れ皆正路《せいろ》の蓁蕪《しんぶ》、聖門《せいもん》の閉塞《へいそく》、之《これ》を闢《ひら》いて而《しか》る後、以《もっ》て道に入るべし。

程明道《ていめいどう》先生はいいました。

自《みずか》らの進むべき正しい道をなかなか具体的に明らかにできないのは、根本的なことを正統からはずれているよこしまな考え方が邪魔し、本筋から外れた行動をとらせるからです。

根本的なことがわかっていないといっても、昔の人の場合は、要するに知らなかったからということで、その原因は比較的わかりやすかった。

しかし今の人たちの場合は、知りすぎて、頭でっかちになってしまって、かえってその原因がわかりにくくなっています。

○自分自身としては、物事の変化をその深いところまでもきわめて、何でもよくわかっているような気になっているのですが、その実、物が秘めて持っている性能を開発させたり、人としてしなければいけない大切な務めをはたすという、開物成務《かいぶつせいむ》の役には立っていない。
○話すことばにそつはないが、本質的にどうも人の行うべき正しい道から外れてる。
○深いところをきわめ、細かい理論もよくわかっているようでも、尭《ぎょう》や舜《しゅん》などが行ったような、人間を本当に進歩発展させるような道からすっかり外れてしまっている。

天下の学問がこんな具合に、浅薄で卑《いや》しく、かたくなに停滞してしまっているような状態でなければ、人が人の進むべき道から外れることはないのです。それなのに外れてしまうということは、進まなければいけないほんとうの道がわかっていないからなのです。

だから、よこしまな、でたらめな、あやしい教えがそこらこちらで起こってきて、一般の人の目や耳をおおい、天下を汚濁のなかにおぼれさせてしまうのです。

高い才能と優れた知恵のある人も、自分の知識や経験だけにこだわって、何をするでもなく自《みずか》ら覚《さと》ろうとしない。

これは正しい道が、雑草におおわれ、神聖な門がふさがってしまっているからなのです。だからまずこれらを払い除いて、それから正しい道に入らなければいけません。

何が本当の知恵で、どの道が本当の道かということを明らかにして初めて向上することができるのです。

明道先生行状

※開物《かいぶつ》とは、物が秘めて持っている性能を開発させること、成務《せいむ》とは人としてしなければいけない大切な務めを行うこと。

※尭《ぎょう》、舜《しゅん》は、いずれも伝説上の古代の帝王。尭《ぎょう》は火を発見したといわれ舜《しゅん》は、実父でありながら自分の異母弟の象《しょう》を愛し、自分を殺そうとしていた父に対しても、よく孝をつくしたといわれています。

理想的君子《くんし》

陶侃《とうかん》広州の刺史《しし》となる。州に在って事無ければすなわち朝《あした》に百甓《へき》を斎《さい》外に運び、莫《くれ》に斎《さい》内に運ぶ。人、その故を問う。答えて曰く、吾、方《まさ》に力を中原に致さんとす。過爾《かじ》に優逸《ゆういつ》せば、恐らくは事に堪《た》えざらんと。その志《こころざし》を励まし力を勤《つと》むる、皆此《こ》の類《たぐい》なり。後に荊州の刺史《しし》となる。侃《かん》、性聡敏《そうびん》にして吏職《りしょく》に勤む。恭《きょう》にして而《しこう》して礼に近づき、人倫《じんりん》を愛好し、終日、膝を斂《おさ》めて危坐《きざ》す。こん外多事にして、千緒万端《せんしょばんたん》なれども遺漏《いろう》有る罔《な》く、遠近の書疏《しょそ》、手答《しゅとう》せざる莫《な》し。筆翰《ひつかん》流るる如《ごと》く、未だ嘗《かつ》てよう滞せず。疎遠を引接し、門に停客無し。常に人に語って曰く、大禹《たいう》は聖人なるに乃ち寸陰を惜しめり。衆人に至っては当《まさ》に分陰を惜しむべし。豈《あ》に逸遊荒酔《いつゆうこうすい》すべけんや。生きて時に益なく、死して後に聞ゆる無きは、是れ自《みずか》ら棄《す》つるなりと。諸参佐《しょさんさ》、談戯《だんぎ》を以《もっ》て事を廃する者あれば、乃《すなわ》ち命じてその酒器蒲博《ぼはく》の具を取って、悉《ことごと》く之《これ》を江に投じ、吏卒《りそつ》には即《すなわ》ち鞭朴《べんぼく》を加う。曰く樗蒲《ちょほ》は牧猪奴《ぼくちょど》の戯のみ。老荘浮華は先王の法言に非《あら》ず。行なうべからざるなり。君子《くんし》は当《まさ》にその衣冠を正し、その威儀を脩《おさ》むべし。何ぞ乱頭養望《らんとうようぼう》して自《みずか》ら弘達《こうたつ》と謂《い》う有らんやと。

陶侃《とうかん》という人が広東地方の長官になった時のことです。

陶侃《とうかん》は、役所で仕事のないときにはいつも、朝部屋においてあるかわらを外にはこび、夕方また、部屋まで運び込むということをしていました。

人がこれを見て、「何でそんなことをしているのですか」とたずねると、陶侃《とうかん》は、「今たいした仕事がないからと、のらりくらりといいかげんにやってたら、いざ出陣というときに大切な任務に堪《た》えることができなくなってしまう。だから、何かあったときのため、今のうちに心身を鍛えているのです」と答えました。

この後、陶侃《とうかん》は、荊州《けいしゅう》の長官になりました。

陶侃《とうかん》の性質は、聡明で俊敏、一生懸命役所の仕事に精励《せいれい》しました。道義《どうぎ》の道を守り、人としての道を愛好し、用のないときには、きちんと正座して過ごしました。

役所の仕事以外でもいろいろ用事がたくさんありましたが、万事に手抜りなく、親しい人や疎遠《そえん》な人たちからくる手紙などにも必ず目を通し返事を書きました。

字を書かせれば上手でしたし、疎遠《そえん》な人たちでも引き入れてよく話を聴いてあげたので、門のところで立ち止まって面会を待っているような人はいませんでした。

この陶侃《とうかん》が常々いっていたことに、

「禹《う》は聖人でありながら、寸陰《すんいん》(ほんのちょっとの時間)を惜しんだ。だからわれわれのような一般人は、寸の十分の一の分、つまり分陰《ふんいん》を惜しんで物事にあたらなければいけない。適当に遊んだり酒を飲んだりしているひまはないのです。

その時代に生きていながら、何の役にも立たない。死んでも名前が残らないというのは、自《みずか》らがこれを捨てているからなのです」と。

だから、自分の補佐役で、むだ話や遊びをして仕事を怠《なま》けるようなものがあれば、命令して、酒器やばくちの道具をとりあげ、ことごとく揚子江に投げこみました。また下級役人は鞭《むち》でたたきました。

「賭け事は身分の低い人たちの遊びに過ぎないし、うわついた老荘の思想などは行うべき正しい教えではない。

上に立つ人というものは、まず服装を正し、作法にかなった立ち居ふるまいをしなければならないのです。

頭の毛を乱したままにして、そういうことがかっこいいことだなどと思っているような人が、自《みずか》ら人間ができているなどといっても、そんなことがあるわけないのです」と。

陶侃《とうかん》伝

※寸陰《すんいん》は、ほんのちょっとの時間のこと。分陰はその十分の一、つまりもっと短い時間も惜しみなさいということ。

※禹《う》は、古代伝説上の帝王舜《しゅん》のもとで、黄河の治水事業に功績を上げ、舜《しゅん》から帝位を禅譲されたといわれている。

人に過ぐるものなし

司馬温公《しばおんこう》嘗《かつ》て言う、吾、人に過ぐるもの無し。但《た》だ平生為《へいぜいな》す所、未《いま》だ嘗《かつ》て人に対して言うべからざるもの有らざるのみ、と。

晁無咎《ちょうむきゅう》の録

司馬光《しばこう》が、こういいました。

自分には人より優れているというものがない。

ただ普段の生活のなかで、まだ、これだけは人にいえないということがないだけです。

※人に言うことができないことがないということは、大変なことです。

力行《りっこう》すること七年

劉忠定公《りゅうちゅうていこう》、温公《おんこう》に見《まみ》え、心を尽くし己《おの》れを行なうの要《かなめ》、以《もっ》て終身之《これ》を行なうべきものを問う。公曰く、それ誠か。劉公《りゅうこう》問う、之《これ》を行なう何をか先にす。公曰く、妄語《もうご》せざるより始む。劉公初め甚《はなは》だ之《これ》を易《やす》しとす。退《しりぞ》いて而《しこう》して自《みずか》ら日に行なう所と凡《つね》の言う所とを隠《いん》かつするに及んで、自《みずか》ら相《あい》せい肘《ちゅう》 矛盾《むじゅん》するもの多し。力行《りっこう》すること七年にして而《しか》る後成《な》る。此《こ》れより言行一致、表裏相応《ひょうりあいおう》じ、事に遇《お》うて坦然《たんぜん》、常に余裕有り。

劉忠定公《りゅうちゅうていこう》が、司馬光《しばこう》に面会したときに、「心をつくして自分を修養《しゅうよう》するために、終生行っていかなければいけないことはどのようなことでしょうか」という質問をしました。

司馬光《しばこう》は、「それは誠を実践することです」と答えました。

劉忠定公《りゅうちゅうていこう》は、さらに「その誠を実践するためには、まず何から始めたらよいでしょうか」と質問しました。

司馬光《しばこう》は、「まず、うそをつかないことから始めなさい」といいました。

劉忠定公《りゅうちゅうていこう》は、最初「そんなことはなんでもないことだ」と思っていましたが、いざ始めてみると、自分がいうことと、毎日の行いが矛盾《むじゅん》して、なかなか思うようにならないことに気がつきました。

そこで思い立って、うそをつかないことをテーマに一生懸命努力しました。

その結果ようやく七年たって、なんとかうそをつかなくてもすむようになることができたのです。

そしてそれからというものは、いうこととやることが一致し、建前《たてまえ》と本音《ほんね》も一体になり、どんなことに遭《あ》っても、平然として常に余裕を持って対処することができるようになったそうです。

※力行《りっこう》は、努力して行うこと。

元城語録

怠《たい》に勝つものは吉なり

丹書《たんしょ》に曰く、敬《けい》、怠《たい》に勝つ者は吉なり。怠《たい》、敬《けい》に勝つ者は滅ぶ。義《ぎ》、欲に勝つものは従《したが》い、欲、義《ぎ》に勝つものは凶《きょう》なり。

丹書《たんしょ》にこうあります。

「現状に甘んじるということをしないで、より高いもの、より貴いものを目指してがんばろう」という気持ちが、「怠《なま》け心」に勝っている人は、幸運です。

反対に、「怠《なま》け心」が、「より高いもの、より貴いものを目指そう」という気持に勝っている人は、やがて滅《ほろ》びます。

正義の心が欲望に勝っているうちは、物事はうまくコントロールされ順調にいくものです。

しかし、逆に欲望が正義に勝つようになると良くないことが起きてくるようになるのです。

敬 ＞ 怠 …… ○　　敬 ＜ 怠 …… ×

正義 ＞ 欲望 …… ○　　正義 ＜ 欲望 …… ×

礼記《らいき》

※現状に甘んじることなく、より高いもの、より貴いものをめざそうとする、アレキシスカレルいうところの人間の第三の本能、これを「敬《けい》」といいます。

人の上に立つものの心得

曲礼《きょくらい》に曰く、敬《けい》せざること毋《な》かれ。儼若《げんじゃく》として思い、辞《じ》を安定し、民を安《やす》んぜんかな。傲《おごり》は長《ちょう》ずべからず。欲は従《ほしいまま》にすべからず。志《こころざし》は満たすべからず。楽しみは極《きわ》むべからず。賢者は狎《な》れて而《しか》も之《これ》を敬《けい》し、畏《おそ》れて而《しか》も之《これ》を愛し、愛して而《しか》もその悪を知り、憎《にく》みて而《しか》もその善を知り、積《つ》みて而《しか》も能《よ》く散《さん》じ、安きに安んじて而《しか》も能《よ》く遷《うつ》る。財に臨《のぞ》みて苟得《こうとく》する毋《なか》れ。難に臨んで苟免《こうめん》する毋《なか》れ。狠《あらそ》うて勝を求むる毋《なか》れ。分《わか》ちて多を求むる毋《なか》れ。疑わしき事は質《さだ》むる毋《なか》れ。直《なお》くして而《しこう》して有《ゆう》する毋《なか》れと。

人の上に立つ者の心得として、礼記《らいき》の曲礼《きょくらい》篇にこう書いてあります。いつも相手を敬《うやま》うという気持ちを忘れてはいけません。これによって自分の思慮《しりょ》を精密にして考え、落ち着きのあるわかりやすいことばではっきりと意思を伝えれば、すべての人たちの理解と信頼を得ることができるのです。

上に立つ者は、

○傲慢《ごうまん》な心を増長させてはいけません。
○欲望を欲しいままに遂げてはいけません。
○自分はこうしたいと思っても、その気持ちをとことんまで満足させてはいけません。

○楽しみもとことんまで極めてはいけません。

賢者たるものは、
○人になじんでうちとけても、その相手を敬《うやま》う心を失いません。
○崇高で偉大な人をおそれかしこまり敬《うやま》うことがあっても愛情を忘れません。
○愛するものであっても、悪いところは悪いところとして認めます。
○憎む相手であったとしても、良いところは良いところとして認めます。
○財産を蓄積しても、普段から人のためにその財を活用します。
○安らかで穏《おだ》やかな生活をしていても、いつでも変化に対応できます。
○財貨は、いいかげんに何でも欲しがってはいけません。
○危ない状況に陥っても逃げ出すようなことがあってはいけません。
○争うことがあっても勝つことばかりを求めてはいけません。
○物を分けるときは自分だけ多くとってはいけません。
○はっきりわからないことを断定的にいってはいけません。
○人と議論するときに、自説をはっきりというのはかまわないが、自分の意見だけにこだわりません。

曲礼《きょくらい》

九思《きゅうし》

君子《くんし》に九思《きゅうし》あり。視《し》には明らかならんことを思う。聴《ちょう》には聡《そう》ならんことを思う。色には温《おん》ならんことを思う。貌《すがた》には恭《きょう》ならんことを思う。言《ことば》には忠《ちゅう》ならんことを思う。事《こと》には敬《けい》ならんことを思う。疑《ぎ》には問わんことを思う。忿《いかり》には難《なん》を思う。得《う》を見ては義《ぎ》を思う。

君子《くんし》には、九つの、こうありたいという願いがあります。

自分自身に対して

○視るときは、明らかにはっきりと見たい。色眼鏡をかけて見ない。

○聴くときには、はっきりと聴きたい。曲解《きょくかい》して聞かない。

○顔色はおだやかでありたい。

○姿かたちは恭《うやうや》しく慎み深くありたい。

外に接する場合について

○話すことばは良心に恥じないようにありたい。

○行動する場合は過ちなく慎重に取り扱うように心がけたい。

○何かに疑問を感じたときには、ためらうことなく、しかるべき人にお聞きしたい。

○腹が立って怒りたいときは、怒った後のことを考えるようにしたい。

○利益を目の前にしたときは、道義《どうぎ》的にどうかということを考えたい。

論語李氏篇

※最初の四項目は自分自身の五感を正しく保ちたいということ、後の五項目は外部の事物に対しての君子《くんし》の願望です。

恭敬《きょうけい》なるべし

伊川先生曰く、近世浅薄《きんせいせんぱく》、相歓狎《あいかんこう》するを以《もっ》て相与《あいくみ》すと為《な》し、圭角《けいかく》無きを以《もっ》て相歓愛《あいかんあい》すと為《な》す。此《か》くの如《ごと》きもの安《なん》ぞ能《よ》く久しからん。若《も》し久しきを要せば、須《すべか》らく是《こ》れ恭敬《きょうけい》なるべし。君臣朋友《くんしんほうゆう》、皆当《みなまさ》に敬《けい》を以《もっ》て主《しゅ》と為《な》すべきなり。

程伊川《ていいせん》先生がこういわれました。

最近、友人といっても、人の心があさはかになって、ただ面白おかしくおつきあいができさえすれば、それでもう友達ということで、その関係が円満に収まってさえいれば、お互い大の仲良しなんだということになってしまっています。

けれども、友人との関係がこんなものであれば、こんな関係が長続きするわけありません。

もし、長期間にわたって友人関係を保っていきたいのであれば、そこには「敬恭《けいきょう》の心」がなければなりません。つまり、相手を大切に扱うこと。そして、相手に敬意を払い、自《みずか》らは一歩引いて自分を慎《つつし》むということです。相手を粗末《そまつ》に扱ったり、見下したようなことばで話をしたりしてはいけないのです。

特に、相手に対し「敬《けい》」の心で接することは大切なことです。

上司と部下の交わりも、朋友《ほうゆう》の交わりも、いずれも「敬《けい》」の心を主にして、お付き合いをさせてもらわなければいけないのです。

相手に自分の持っていないすばらしい点を見出すから、自分もそうなりたいということで「敬《けい》」のきもちが湧きあがってきます。「敬《けい》」とはそういう感情です。

二程語録

孝は妻子に衰《おとろ》う

官《かん》は官成《かんな》るに怠《おこた》り、病は小癒《しょうゆ》に加わり、禍《わざわい》は懈惰《かいだ》に生じ、孝《こう》は妻子に衰《おとろ》う。此《こ》の四者を察《さっ》して、終りを慎《つつし》むこと始めの如《ごと》くせよ。詩に曰く、初め有《あ》らざる靡《な》し。克《よ》く終り有る鮮《すくな》しと。

○役人は、出世してくると、だんだん仕事を怠けるようになってくる。
○病気は、治りがけによくよく注意をしないと気が緩んで油断をし、ぶり返して悪くする。
○災いは、怠けるところから生まれてくる。
○親孝行は、お嫁さんをもらって、子供ができるあたりから、だんだんおろそかになってしまう。

この四つのことをよくおしはかって考えて、初心を忘れずに、最後まで気持ちを引き締めていなければなりません。だから詩経《しきょう》にも、終わりまで立派にやり通すのはなかなか難しいと書いてあります。

説苑《せつえん》

※詩経《しきょう》は、中国最古の詩歌集で、古くは「詩」とよばれていましたが、孔子が儒学《じゅがく》の経典である五経のひとつとしたことから、「詩経」というようになりました。孔子の編纂《へんさん》といわれています。

篤敬《とくけい》ならば行われん

言《げん》、忠信《ちゅうしん》、行《ぎょう》、篤敬《とくけい》ならば、蠻貊《ばんばく》の邦《くに》と雖《いえど》も行なわれん。言《げん》、忠信《ちゅうしん》ならず、行《ぎょう》、篤敬《とくけい》ならずんば、州里《しゅうり》と雖《いえど》も行《おこ》なわれんや。

いうことには誠意がある。いったことは守る。そして、他を敬《うやま》い人情に厚い人であれば、異民族の国へ行ったとしても、その人は信頼され、その人の意見は通ることでしょう。しかしその反対の人であれば、自分の住む郷里であっても信頼されないことでしょう。なまじ学問のある人は、言葉や理屈に惑わされやすいものです。しかし、学問のない人たちは言葉や理屈ではなかなかごまかされません。本当の誠意や人情をもった人物でないと通用しないようです。

文会輔仁《ぶんかいほじん》

曾子《そうし》曰く、君子《くんし》は文《ぶん》を以《もっ》て友を会《かい》し、友《とも》を以《もっ》て仁《じん》を輔《たす》く。

曾子《そうし》がいいました。

人の上に立つ人は、友人を集め会を開く場合、それは物質的な利益を獲得するためではなく、友人同士それぞれの教養を高める機会とします。

そしてそこで、友人同士の相互啓発《けいはつ》によって、お互いの心の進歩向上を輔《たすけ》あうのです。

友人には、飲食の友もあり、娯楽《ごらく》を共にする友もあります。本当に自分を高めるために必要な友は共に学問に志《こころざ》す友です。だから、学問をすることを目的に集まることが大切なのです。

※仁《じん》は、思いやりの心、まごころ。
※輔《たすける》は、付き添ってたすけるということ。
※文会《ぶんかい》は、教養を高める勉強をするために友を集めること。

朋友兄弟《ほうゆうきょうだい》

孔子曰く、朋友《ほうゆう》は切切偲偲《せつせつしし》たり。兄弟は怡怡《いい》たり。


孔子がいいました。

友達同士というものは、お互いが良い影響を与え合ったり、時には相手に道徳的なことを実行することを求めたり、議論したり励ましあったりして、そうしてお互いがお互いに、足りないものを一生懸命努力して身につけるということをしなければいけません。

しかし親子や兄弟の間では、お互いが相手に対し道徳的なことをあれこれいって、その実行を強く求めるなどということは避けなければなりません。

親子兄弟の間では、まず、和《なご》やかな愛情の中で、お互いが楽しく愉快に過ごすことを心がけなければいけないのです。

○肉親はお互いの間で、たとえよいことだといっても道徳的善行を強制してはいけません。これは孔子ばかりではなく孟子《もうし》もいっています。肉親の間ではただ愛情にひたっていなければなりません。

○ただし、それだけでは道徳は身につきませんので、先生と友人によってみがいてもらうわけです。肉親と子弟が相乗《そうじょう》して行うことによって人間は進歩するのです。

論語子路《しろ》篇

善を責める

孟子《もうし》曰く、善《ぜん》を責《せ》むるは朋友《ほうゆう》の道《みち》なり。

孟子《もうし》がいいました。
相手に道徳的な善行を求めたり、お互いが一つのテーマで議論するということは、友人同士で行うことが最善の方法です。

○この前に孟子《もうし》は、父子の間で道徳的な善行を求めたり、お互いが一つのテーマで議論するということは、いけないといっています。なぜならば父子が離れてしまうからです。父子の仲たがいほど不幸なことはありません。

孟子離婁篇《もうしりろう》

友を問う

子貢《しこう》、友を問う。孔子曰く、忠告して而《しこう》して之《これ》を善道《ぜんどう》す。可《き》かれざれば則《すなわ》ち止《や》む。自《みずか》ら辱《はずかし》むること毋《なか》れ。

子貢《しこう》が孔子に、「ほんとうの友達としての道を教えてください」と質問しました。

孔子が答えるには、

友達に問題があれば、心に思っていることをそのまま忠告し、相手を良い方へ導いてあげなさい。

しかし相手が頑固《がんこ》で聞き入れないときは、無理していっても相手は反発するばかりだから、いったん止めなさい。


忠告を無理強いすると、反対に相手から見下されて悪口をいわれたり、罵《のの》られたりすることになりますから、そんなことをして自《みずか》らを辱《はずかし》めてはいけません。

友人へのアドバイスは、あまり無理をしないことです。

論語顔淵《がんえん》篇

益友損友

益者三友《えきしゃさんゆう》。損者三友《そんしゃさんゆう》。直《ちょく》を友とし、諒《まこと》を友とし、多聞《たぶん》を友とするは益《えき》なり。便辟《べんぺき》を友とし、善柔《ぜんじゅう》を友とし、便佞《べんねい》を友とするは損《そん》なり。

一概に友達といっても、友達には自分にとってためになる三種類の友達と、ためにならない三種類の友達があります。

ためになる友達は、
○正しいと思うことを遠慮なくいい、まがったことをしない人
○思いやりのある誠実な人
○自分の知らないことに長じていて、いろいろなことを教えてくれる人

ためにならない友達は、
×世慣れていて、いつも適当に調子のいいことをいって相手に迎合《げいごう》する人
×人当たりはやわらかいが誠実さのない人
×口先ばかり達者で、追従《ついしょう》ばかりしている人

論語季氏篇

※迎合《げいごう》は、自分の考えをまげても、他人の意に従って気に入られるようにしようとすること。
※追従《ついしょう》は、人のいうこと、したことにそのまま従うこと。

久敬《きゅうけい》

孔子曰く、晏平仲《あんぺいちゅう》善《よ》く人と交わる。久《ひさ》しうして人之《ひとこれ》を敬《けい》す。

孔子はいいました。

晏平仲《あんぺいちゅう》という人は、よく人との交際というものがわかっていた人でした。人はお付き合いが長くなってくると、とかく相手のあらが少しずつ見えてきて、相手を侮《あなど》る気持ちが起きて、次第に相手を尊敬する気持ちを失いがちになります。

しかし、晏平仲《あんぺいちゅう》には、まったくそういうことがなく、長く付き合えば付き合うほど、相手に敬意を払ってお付き合いしていたのです。

晏平仲《あんぺいちゅう》は、どんな人からも尊敬され続ける道を心得ていた人でした。

論語公冶長《こうやちょう》篇

恩讎《おんしゅう》分明《ぶんめい》

恩讎《おんしゅう》分明《ぶんめい》、此《こ》の四字は有道者《うどうしゃ》の言《げん》に非《あら》ざるなり。好人《こうじん》無《な》しの三字は有徳者《うとくしゃ》の言《げん》に非《あら》ざるなり。後生之《こうせいこれ》を戒《いまし》めよ。

道徳を深めた人は、恩《おん》と讎《しゅう》、つまり、この人にはたいそう世話になったとか、この人を恨んでいるとかいうような、恩讎《おんしゅう》をあまりはっきりわけないものです。いつどこでどんなことがあるかわかりません。

また「ろくなやつはいないとか、役に立つやつはいない」などというのも、徳のある人のいうことばではありません。

あなたが、「うちの会社にはろくな社員はいない」とか、「ろくな上司がいない」などといっているとすれば、あなた自身、ろくでなしかもしれません。

呂氏《ろし》集

※恩讎《おんしゅう》は、なさけをうけたこと、うらみをうけたこと。

友人関係の基礎「敬」

横渠《おうきょ》先生曰く、今の朋友《ほうゆう》は、その善柔《ぜんじゅう》を択《えら》び、以《もっ》て相与《あいくみ》し、肩を拍《う》ち袂《たもと》を執《と》って以《もっ》て気合《きあ》うと為《な》す。一言《いちげん》合《あ》わざれば怒気《どき》相加《あいしの》ぐ。朋友《ほうゆう》の際《さい》は、その相下《あいくだ》りて倦《う》まざらんことを欲《ほっ》す。故《ゆえ》に朋友《ほうゆう》の間《かん》に於《おい》て、その敬《けい》を主とする者は、日々に相親与《あいしんよ》し、效《く》を得る最も速《すみ》やかなり。

張横渠《ちょうおうきょ》先生がこういいました。

最近の人は、友達といっても、「自分にとって都合《つごう》の良い人、自分の考えを批判することのないような人」そんな人ばかりを選んでグループを作っています。そしてそのグループで、飲みにいったり遊びに行ったりして、そういうことが友達づきあいで、気があっていると思っている人が多いのです。

しかしそうしてつきあっていながらも、少しでも自分の気持ちにそぐわないことをされたりいわれたりすれば、すぐかっとして相手を批判します。そして語気をあらげて「自分のほうが正しいんだ」ということを主張し、無理にでも相手をねじ伏せようとする。

さらにそれでも足りずに、自分のほうが相手より、人間的に、また知識的に、優位にたっているんだということをことさらに態度であらわそうとする。

残念ながら、こんなおつきあいでは、とても友達づきあいなどとはいえません。

元来、友達づきあいというものは、お互いがお互いを「謙虚《けんきょ》な気持ちで立てていく」ということから始まり、「何年経っても狎《な》れることなく、その謙虚《けんきょ》な態度を失わないで、根気強くおつきあいを続けていく」というものでなくてはいけません。

友達の間では、お互いに敬《うやま》いあう心を主眼にして、お付き合いしなければいけません。

そして、友達相互で、「相手を敬《うやま》い、謙虚《けんきょ》に礼をつくす」というつきあい方をすることができれば、その関係は、日増しに親しさを増し、お互いに得るところが大きいのです。

横渠《おうきょ》語録

鵠《こく》を刻んで鶩《ぼく》に類す

馬援《ばえん》の兄の子、厳《げん》と敦《とん》と並びに譏議《きぎ》を喜《この》みて、而して軽侠《けいきょう》の客に通ず。援《えん》、交趾《こうち》に在《あ》り。書を還《かえ》して之《これ》を誡《いさ》めて曰く、吾《わ》れ汝《なんじ》が曹《ともがら》、人の過失を聞くこと父母の名を聞くが如《ごと》く、耳、聞くを得《う》べきも、口言うを得《う》べからざるが如《ごと》きを欲《ほっ》す。好《この》んで人の長短を議論し、妄《みだ》りに正法《せいほう》を是非《ぜひ》するは、此《こ》れ吾《われ》が大いに悪《にく》む所なり。寧《むし》ろ死すとも子孫に此《こ》の行ない有《あ》るを聞くことを願わざるなり。龍伯高《りゅうはっこう》は敦厚《とんこう》、周慎《しゅうしん》にして、口に択言《たくげん》無く、謙約《けんやく》、節倹《せっけん》、廉公《れんこう》にして威有《いあ》り。吾《われ》れ之《これ》を愛し、之《これ》を重んず。汝《なんじ》が曹《ともがら》、之《これ》に効《なら》わんことを願う。杜季良《ときりょう》は豪侠《ごうきょう》にして義《ぎ》を好み、人の憂《うれ》いを憂《うれ》え、人の楽しみを楽しみ、清濁《せいだく》失う所無く、父の喪《も》に客を致《まね》けば、数郡《すうぐん》畢《ことごと》く至《いた》る。吾《わ》れ之《これ》を愛し之《これ》を重んずるも、汝《なんじ》が曹《ともがら》の效《なら》わんことを願わざるなり。伯高《はくこう》に效《なら》いて得《え》ずとも、猶《な》ほ謹敕《きんちょく》の士と為《な》らん。所謂《いわゆる》、鵠《こく》を刻《きざ》んで成《な》らずとも、尚鶩《なおぼく》に類《るい》する者なり。季良《きりょう》に效《なら》いて得《え》ずんば、陥《おちい》りて天下の軽薄子《けいはくし》と為《な》らん。所謂《いわゆる》、虎を画《えが》いて成《な》らず、反《かえ》って狗《く》に類する者なり。

馬援《ばえん》の兄の子供の厳《げん》と敦《とん》は、二人ともなんにでもケチをつけるようなことが好きでした。しかも侠客気取りの軽薄な男の影響を受けていたようです。

馬援《ばえん》が現在のベトナム北部のハノイにいたとき、この二人からの手紙を受け取りました。馬援《ばえん》はその手紙の中に、時の宰相《さいしょう》を譏《そし》ることばがあったのを見つけました。そこで馬援《ばえん》は、この二人に、このように人を譏《そし》ることをしないようにいい聞かせようと、次のように返事を書きました。

「人の過ちを聞くときには、自分の父母のことをあれこれいわれたときのように聞きなさい。自分の父母のことであれば、聞くには聞いても、とても自分も一緒になってあれこれいうようなことはできないだろう。どうか他人のこともそのようであって欲しいと思う。好んで人の長所や短所を議論したり、みだりに正しい教えなどの良し悪しなどについて語ることは、わたしのもっとも嫌うことである。だから、自分の子孫にこのような行いがあることは、死んでも聞きたくない。

○龍伯高《りゅうはくこう》は、重厚で慎み深く、いうことはみな道理にかない、いつもへりくだって自《みずか》らをひきしめ、倹約、清廉公明《せいれんこうめい》で、威厳《いげん》があった。自分はこの人を愛し、重んじている。だからおまえたちもこの人を見習って欲しい。

×杜季良《ときりょう》は、豪侠《ごうきょう》で義を好み、人の憂《うれ》いを憂《うれ》い、人の楽しむところは一緒になって楽しみ、正濁併せ呑み、自分の父親の葬式にはたくさんの人がことごとく参列するような人望のある人だった。だから自分はこの人を愛し重んじている。しかしおまえたちにはこの人を見習って欲しくない。

なぜならば、龍伯高《りゅうはくこう》を手本にして精進すれば、少なくとも慎《つつし》み深い人間にはなれるだろう。たとえば、龍伯高《りゅうはくこう》を鳳《おおとり》とすれば、鳳《おおとり》を刻もうとして、もし失敗しても、アヒルくらいにはみえるということだ。

しかし、杜季良《ときりょう》を手本にして、もし失敗すれば、天下にはずかしい軽薄な人間になってしまう。

たとえていえば、ちょうど虎を描こうとしていて、いつのまにか犬になってしまうようなものだ」と。

馬援《ばえん》伝

※鵠《こく》は、おおとり、鶩《ぼく》は、アヒルのこと。

※清廉公明《せいれんこうめい》は、心が清らかで私欲がなく、公正で隠しごとがないこと。

※鳳《おおとり》は、想像上の瑞鳥《ずいちょう》の雄。

学んで始めて身につく

諸葛武侯《しょかつぶこう》、子を戒《いさ》むる書に曰く、君子《くんし》の行ないは静以《せいもっ》て身を修《おさ》め、倹以《けんもっ》て徳を養《やしな》う。澹泊《たんぱく》に非《あら》ざれば以《もっ》て志《こころざし》を明らかにすること無し。寧静《ねいせい》に非《あら》ざれば以て遠きを致《きわ》むること無し。夫《そ》れ学は須《すべか》らく静《せい》なるべきなり。才は須《すべか》らく学ぶべきなり。学に非《あら》ざれば以《もっ》て才を広《ひろ》むることなし。静に非《あら》ざれば以《もっ》て学を成《な》すこと無し。とう慢《まん》なれば則《すなわ》ち精《せい》を研《みが》くこと能《あた》わず。険躁《けんそう》なれば則《すなわ》ち性《せい》を理《おさ》むること能《あた》わず。年、時と与《とも》に馳《は》せ、意《こころ》、歳と与《とも》に去り、遂《つい》に枯落《こらく》を成《な》し窮盧《きゅうろ》に非歎《ひたん》するも将《は》た復《ま》た何ぞ及ばん。

諸葛孔明《しょかつこうめい》が自分の子供に書いた手紙です。

人の上に立つ人間の行動はがさつではいけません。静かに落ち着いて身を修め、くだらない欲望に打ち勝って徳を養うことです。くだらない欲望に対し淡白でなければ、遠大な目標を達成することはできません。そもそも学問というものは、静かに落ち着いてやらなければいけないものです。才能というものは学ばなければ開花しないものです。学ばなければ才能は豊かにならないのです。

穏《おだ》やかに落ち着いて努力しつづけなければ学問を成就することはできません。

少しくらいできるようになったからといって、いい気になって怠けていれば学問の本質を磨くことはできません。

自分の心が険しく騒がしければ、本来の自分の個性を発揮することはできません。

時と共に歳をとり、意欲も歳とともに消えうせ、ついには枯れ落ちて貧居に悲しみ嘆いたとしても失ったものは取り返すことはできないのです。

若いうちに心掛けなければ、すぐ歳をとってしまいます。歳をとれば意欲もなくなります。そうなってから後悔してももう遅いのです。

諸葛武公《しょかつぶこう》集

※諸葛武公《しょかつぶこう》は、三国志に出てくる諸葛孔明《しょかつこうめい》のことです。

富は恨みのもと

疏広《そこう》、太子《たいし》の太傅《たいふ》たり。上疏《じょうそ》して骸骨《がいこつ》を乞《こ》う。黄金二十斤《きん》を加賜《かし》し、太子《たいし》五十斤《きん》を贈る。郷里《きょうり》に帰り、日に家をして供具《きょうぐ》し、酒食《しゅし》を設《もう》けしめ、族人《ぞくじん》、故旧《こきゅう》、賓客《ひんきゃく》を請《こ》うて相与《あいとも》に娯楽《ごらく》す。数々《しばしば》その家に、金の余り尚《なお》幾斤《いくきん》有《あ》りやを問《と》い、趣《うなが》し売って以《もっ》て供具《きょうぐ》す。居《お》ること歳余《としあまり》、広《こう》が子孫、密《ひそ》かにその昆弟《こんてい》老人の広《こう》が信愛《しんあい》する所の者に謂《い》いて曰く、子孫、君の時に及んで頗《すこぶ》る産業の基址《きし》を立てんことを冀《ねが》う。今日飲食の費《あたい》且《まさ》に尽《つ》きんとす。宜《よろ》しく丈人《じょうじん》、君に勧説《かんぜい》する所《ところ》に従《したが》って田宅《でんたく》を置くべしと。老人即《すなわ》ち間暇《かんか》の時を以《もっ》て広《こう》が為に此《こ》の計《けい》を言う。広《こう》曰く、吾《われ》、豈《あ》に老悖《ろうはい》して子孫を念《おも》わざらんや。顧《おも》うに、自《おのずか》ら旧田《きゅうでん》廬《いおり》有《あ》り。子孫をしてその中に勤力《きんりょく》せしむれば、以《もっ》て衣食を供《きょう》するに足ること凡人《ぼんじん》と斉《ひと》し。今復《ま》た之《これ》を増益《ぞうえき》して以《もっ》て贏余《えいよ》を為《な》さば、但《た》だ子孫に怠惰《たいだ》を教うるのみ。賢《けん》にして財多ければ則《すなわ》ちその志《こころざし》を損《そん》ず。愚《ぐ》にして財多ければ則《すなわ》ちその過《あやまち》を益《ま》す。且《か》つ夫《そ》れ富は衆の怨《えん》なり。吾れ既《すで》に以《もっ》て子孫を教化する無《な》きも、その過《か》を益《ま》して怨《えん》を生《しょう》ぜしむるを欲《ほっ》せず。又此の金は聖主《せいしゅ》が老臣《ろうしん》を恵養《けいよう》する所以《ゆえん》なり。故《ゆえ》に楽しんで郷党《きょうとう》、宗族《そうぞく》と共にその賜《し》を享《う》け、以《もっ》て吾が余日《よじつ》を尽《つ》くす、亦《また》可ならずやと。

疏広《そこう》という人は、後の漢の元帝の師傅《しふ》だった。歳をとったので退職を願い出て許され、天子と皇太子から黄金七十斤《きん》を贈られた。疏広《そこう》はやがて故郷へ帰り、毎日のように、親戚、ずっと以前からの知り合い、お客さんなどを招き、宴会を張って共に楽しんだ。そして、「後どのくらい残っているか」と聞いては、金を売りさばいて宴会の費用に当てた。

そして一年ほどたったある日、疏広《そこう》の身内が、内緒で疏広《そこう》がひそかに親愛し、この人のいうことなら疏広《そこう》も聴くだろうと思う長老のところへ相談に行き、そしてこういった。
「わたしたちは父の代に、これからの生活の基盤になるものを作っておきたいのです。お金は宴会で使いつづけて、もうそろそろ底をつきそうです。どうか長老であるあなたの勧めに従って今のうちに田畑や家屋を買い入れておくようにいってください」

長老はひまを見て疏広《そこう》にこの計画を話した。すると疏広《そこう》は、

「わたしは何ももうろくして、子孫のことを考えないわけではない。考えてみれば、わが家には先祖から伝わってきた田畑や家屋があり、子孫たちが働きさえすれば、世間並みの生活をするのには事欠かないはずである。

それなのに今これ以上の財産を残すことは、子孫に怠惰を教えるようなものだ。賢明な人でも財産が多ければ志《こころざし》を失するし、おろかな人間に財を与えれば過《あやま》ちを増すだけです。そもそも金などというものは人々の恨みのもとなのです。

わたしはいまさら子孫を教化しようとは思わないが、過《あやま》ちを増して、人の恨みをかうようなことだけはしたくないのです。それにこのお金は、天子と皇太子が老臣を慰めるために下さったものだ。だから親戚や郷里の人々といっしょにありがたく頂戴して、余生を楽しむのもまた良いのではないでしょうか」と。

漢書

※師傅《しふ》は、貴人の養育係、教導する係のこと。
※一斤《きん》は六百グラムくらい。

柳家家訓

柳《りゅう》へん、嘗《かつ》て書を著《あらわ》し、その子弟を戒《いさ》めて曰く、名を壊《やぶ》り己《おの》れに災《わざわい》し、先《せん》を辱《はずか》しめ、家を喪《うしな》う。その失尤《しつもっと》も大なる者五つ。宜《よろ》しく深く之《これ》を誌《しる》すべし。

その一、自《みずか》ら安逸《あんいつ》を求めて澹泊《たんぱく》に甘んずること靡《な》く、己れに苟利《こうり》あれば、人の言を恤《うれ》えず。

その二、儒術《じゅじゅつ》を知らず、古道《こどう》を悦《よろこ》ばず、前経《ぜんきょう》に暗《くら》くして而《しか》も恥《は》じず。当世を論じて而《しこう》して頤《い》を解《と》き身既《みすで》に知寡《ちすくな》くして、人の学有《あ》るを悪《にく》む。

その三、己《おの》れに勝《すぐ》る者《もの》は之《これ》を厭《いと》い、己《おの》れに佞《へつら》う者は之《これ》を悦《よろこ》び、唯《た》だ戯談《ぎだん》を楽しみて、古道《こどう》を思うこと莫《な》く、人の善を聞いて　之《これ》を嫉《にく》み、人の悪を聞いて之《これ》を揚《あ》げ、頗僻《はへき》に浸漬《しんし》し、徳義《とくぎ》を銷刻《しょうこく》す。簪裾徒《しんきょいたずら》に在《あ》り。廝養《しよう》と何ぞ殊《こと》ならん。

その四、優游《ゆうゆう》を崇《たっと》び好み、きくげつを耽《ふけ》り嗜《たしな》み、杯を啣《ふく》むを以《もっ》て高致《こうち》と為《な》し、事《こと》を勤《つと》むるを以て俗流《ぞくりゅう》と為す。之《これ》を習えば荒《すさ》み易《やす》く、覚《さと》れども巳《すで》に悔《く》い難《かた》し。

その五、名宦《めいかん》に急にして、権要《けんよう》に匿《かく》れ近づく。一資半級《いっしはんきゅう》、或《あるい》は之《これ》を得《う》と雖《いえど》も、衆《しゅう》怒り、群猜《ぐんそね》み、存《そん》する者有《あ》ること鮮《な》し。余《われ》、名門右族《いうぞく》を見るに、祖先の忠孝《ちゅうこう》、勤倹《きんけん》に由《よ》って以《もっ》て之《これ》を成立せざるなく、子孫の頑率《がんそつ》、奢傲《しゃごう》に由《よ》って以て之《これ》を覆墜《ふくつい》せざる莫《な》し。成立の難《かた》きは天に升《のぼ》るが如《ごと》く、覆墜《ふくつい》の易《やす》きは毛を焼《や》くが如《ごと》し。之《これ》を言えば心を痛ましむ。爾《なんじ》、宜《よろ》しく骨に刻《きざ》むべし。

唐《とう》の柳《りゅう》家の家訓に次のようにあります。

先祖の名を汚し、一家を滅ぼす五つの大罪がある。しっかりと心に記すように。

一、安逸を求めるばかりに、淡泊な生活をしようとしないで、わずかな利益のために人の意見を聞くことがない。

二、儒学《じゅがく》を勉強しない、伝統的な学問をよろこばない。しかもそういうことを恥だと思わない。しかも今風に調子を合わせてへらずぐちをたたき、自分の無学を棚に上げて教養のある人を嫌う。

三、自分より優れている人を嫌い、自分のご機嫌《きげん》をとってくれるような人を喜ぶ。軽薄な話をして、道義《どうぎ》についてのまじめな話を嫌い、人の善行をねたみ、人の欠点はいいふらす。よこしまなことに浸りきって徳義をすり減らす。こんなことでは高い身分にあるというだけで、やっていることは下賤《げせん》の者達と異なるところがなくなってしまう。

四、仕事をせずに遊んで暮らすことを尊び、酒を飲んで宴遊《えんゆう》することが高尚なことだとして、実務を俗事とする。こんなことが習慣になれば生活は荒《すさ》み、気づいたときにはもう遅い。

五、いい地位につきたくて、かくれて権力者に接近する。そんなことをしておこぼれにあずかり、たとえ何がしかの地位を得たとしても、人々の怒りとそねみにあって、その地位を保つことはできない。

わたしは数多くの名門といわれる家を見てきたが、どの家もみな祖先の忠孝と勤倹によって地位を築き上げたもので、子孫のかたくなさや、軽率や、驕《おご》り高ぶりや、傲慢《ごうまん》などによって、傾き落ちていく。

家を興《おこ》すことは天に登るほどむつかしいことだが、家が傾き落ちていくのは羽毛を焼くように簡単なことである。

こういうことをいうと胸が痛い。おまえたちはくれぐれも骨に刻んでおくように。

柳家家訓

※道義《どうぎ》は、人の踏み行うべき正しい道。
※徳義《とくぎ》は、道徳上行わなければいけないこと。
※傲慢《ごうまん》は、高ぶって人をあなどり見くだす態度のこと。

祖先の徳

箔文正公《はんぶんせい》、参知政事《さんちせいじ》たる時、諸子《しょし》に告げて曰く、吾《われ》貧しき時、汝《なんじ》が母とともに吾《わ》が親を養《やしな》う。汝《なんじ》が母、自《みずか》ら爨《さん》を執《と》る。而《しこう》し吾《われ》が親、甘旨《かんし》未《いま》だ嘗《かつ》て充《み》たざるなり。今にして厚禄《こうろく》を得たれば、以《もっ》て親を養《やしな》わんと欲《ほっ》すれど、親は在《いま》さず。汝《なんじ》が母も亦已《またすで》に蚤世《そうせい》す。吾《われ》が最も恨《うら》む所の者なり。若《なんじ》が曹《ともがら》をして富貴《ふうき》の楽を享《う》けしむるに忍《しの》びんや。吾《わ》が呉中《ごちゅう》の宗族甚《そうぞくはなは》だ衆《おお》し。吾《われ》に於《おい》ては固《もと》より親疎《しんそ》有《あ》り。然《しか》れども吾《わ》が祖宗《そしゅう》より之《これ》を視《み》れば、則《すなわ》ち均《ひと》しく是《こ》れ子孫にして、固《もと》より親疎《しんそ》無きなり。苟《いやしく》も祖宗《そしゅう》の意にして親疎《しんそ》無ければ、則《すなわ》ち饑寒《きかん》の者吾《わ》れ安《なん》ぞ恤《あわれ》まざるを得《え》んや。祖宗《そしゅう》より来《このかた》、徳を積むこと百余年にして、而《しこう》して始めて吾《われ》に発《はっ》して大官《たいかん》に至《いた》るを得《え》たり。若《も》し独《ひと》り富貴《ふうき》を享《う》けて而《しこう》して宗族《そうぞく》を恤《あわれ》まずんば、異日《いじつ》何を以《もっ》てか祖宗《そしゅう》に地下に見《まみ》えん。今、何の顔《かんばせ》あってか家廟《かびょう》に入らんやと。是《ここ》に於《おい》て恩例《おんれい》、俸賜《ほうし》、常に族人《ぞくじん》に均《ひと》しくし、幷《なら》びに義田宅《ぎでんたく》を置くと云《い》う。

宋《そう》の范文正《はんぶんせい》が大臣をしているときに子供たちにいった。

「わたしがまだ貧乏だった時代には、おまえたちのお母さんと共に親を養っていた。そのときおまえたちのお母さんは自分で炊事《すいじ》をしていた。しかしわたしの親は、おなかいっぱい食べたことはなかった。今は手厚い俸禄《ほうろく》をもらえるようになったが、それで親を養おうと思っても、もうすでにいない。おまえたちのお母さんも早くに亡くなってしまった。

こういうことが自分として最も残念なことである。だからおまえたちだけに楽をさせるということが忍びない。

そこで考えたことだが、郷里の呉《ご》には一族のものが多くいる。もちろん自分と親しいものもいれば疎遠《そえん》になっているものもいる。しかし自分の先祖からこれを見れば、みな同じ子孫であって、もとより親しいとか疎遠《そえん》だとかいうことはない。先祖の目から見てそうならば、一族の中に衣食に困っているものがあればどうしてわたしが憐れまないでいることができようか。先祖代代徳をつんで、百年たって始めてわたしにその徳が表れて、わたしは大臣になることができた。もし自分だけが富貴《ふき》を受け、一族の者たちの面倒を見なければ、いつか死んだときにどういう顔をして先祖の人たちと地下でお会いすることができようか。

だから、いままで賜ったものを一族の人に等しく分け、あわせて一族のための田宅を設けようと思う」と。

宋名臣言行録

至愚《しぐ》といえど人を責むる

范忠宣《はんちゅうせん》公、子弟を戒《いまし》めて曰く、人《ひと》、至愚《しぐ》と雖《いえど》も、人を責《せ》むるは則《すなわ》ち明らかなり。聡明有《そうめいあ》りと雖《いえど》も己《おの》れを恕《じょ》するは則《すなわ》ち昏《くら》し。爾曹《なんじともがら》、但《た》だ常に人を責むるの心を以て己《おの》れを責め、己《おの》れを

恕《じょ》するの心にて人を恕《じょ》せば、聖賢《せいけん》の地位に到らざるを患《うれ》えざるなり。

范忠宣公《はんちゅうせんこう》が子弟に注意した言葉です。

人間というものは自分がどれだけ馬鹿で愚《おろ》かでも、人を批判することはよくできるものです。

反対にどれほど頭が良くても、自分を許すということについては、まったく甘くいいかげんなものです。

おまえたちが、常に人を批判するような心で自分を批判し、自分を許すような心で人を許すことができれば、聖人君子《くんし》の地位に到達できないことを心配することはないのです。

こういうことが自分の根本にあって初めて、人間らしいといえるのです。

宋史

大学入門

大学入門

大学三綱領《さんこうりょう》　「大学」がめざす三つの重点目標

「大学」では、勉強する目標として、**明明徳《めいめいとく》**、**親民《しんみん》**、**止至善《ししぜん》**

の三つをかかげています。これを「大学の三綱領《さんこうりょう》」といいます。

そして、それを実現するための具体的な努力事項として、

○その身を修める　↓　**修身《しゅうしん》**

○一家を斉《ととの》える　↓　**斉家《せいか》**

○一国を治める　↓　**治国《ちこく》**

○天下を平安にする　↓　**平天下《へいてんか》**

の四条目と

修身《しゅうしん》を実践するための工夫として

○それぞれのものについて研究する　→　格物《かくぶつ》
○良知を尽くし至善までみがく　→　致知《ちち》
○意《こころばせ》を誠にする　→　誠意《せいい》
○心を正しく保つ　→　正心《せいしん》

の四条目

合計、八つの条目をあげ、これを「八条目」といっています。

語句の説明

これから出てくる言葉の意味を整理します。一般的に使われている意味とは若干違っているものもあります。

※**良知**は、人が生れながらにしてそなえている知恵。もともとわかっている心の先天的なはたらきのこと。

※**造化**《ぞうか》は、天地万物を作ったと考えられる造物主。天地万物の主宰者。

※**徳**とは、宇宙を対象にすれば、宇宙ができあがった時点で存在していたすべてのもの。造化によって与えられた物質的なもの、エネルギー、すべての法則性、こういったすべてを包含しているもの。

自分を対象にすれば、自分がもって生まれたものすべて、生まれてから現在まで造化によって与えられたすべてのもの。自分を動かすエネルギーと法則性、これらすべてを包括して徳といいます。ですから人は徳によって存在しているということになります。

徳＝得

※**玄**《げん》は、黒い暗いこと。明らかにならないもの。自然に無条件で存在するもの。天地万物

の絶対的根源である道の性質。
※明《めい》は、明らか明るいこと。理性や精神、感覚や感情をみがくことによって明らかになるもの。
※明徳《めいとく》は、徳が明らかになること。潜在的にもっている能力が顕在化すること。
※慮《おもんぱか》るは、思いをめぐらせ、よくよく考えること。
※本末は、物事の根本とそうでないもの。
※道《みち》とは、宇宙万物《ばんぶつ》の根源。法則性。仕組み。宇宙は大宇宙の中にすべてを包み込んで一切外へ出さず、造化の法則にしたがって絶えず古きを捨て新しく創造している。このような本質的な法則性。
※格物《かくぶつ》は、自然の道理や物事の筋道を突き詰めるために、いろいろな分野の学問を勉強し、そこに共通する真理の中から、物事の善悪や相互の関係をつきつめていくこと。
※致知《ちち》は、自分の中に、道徳的判断が充分におしきわめられ、自然界の道理や筋道が明確に整理されること。
※誠意《せいい》は、自分の思いが誠実に保たれていること。
※正心《せいしん》は、自分の心が動揺せず、平正に保ち落ち着いている状態のこと。
※修身《しゅうしん》は、自分自身を修めること。
※斉家《せいか》は、家族が仲良く生活し家庭がうまく斉《ととの》っていること。

※**治国**《ちこく》は、国を治めること。
※**平天下**《へいてんか》は、天下を平安にすること。
※**慎**《しん》。慎《つつし》むというのは、一般的には耐え忍ぶとか、用心する、あやまちがないようにする、遠慮するなどという意味で使われていますが、ここでは自分自身の心の問題として、自分自身を包みこんで引き締め、自然の感情にもとづいた真心に、自分自身の良心を修繕《しゅうぜん》していくということ。
※**謙る**《あきた》とは、ありのままの自分に満足し自分の分限をわきまえ、その自然な感情の命ずるままに行動し、しかも力の出し惜しみをしないこと。
※**心**《こころ》とは、わたしたちの知識、感情、意志などの精神的な働きを支配する主体。
※**意**《こころばせ》とは、心の動きのこと。
朱子《しゅし》は、心《こころ》はわたしたちの体を管理するご主人様であり、**意**《こころばせ》は、そのご主人様が発する命令だと教えています。
※**誠**《まこと》とは、偽りのない本物のこと。自《みずか》らを欺《あざむ》かないこと。偽《いつわ》りをいわないこと。
※**独**《どく》として生きるとは、自分の良心に忠実に従ってどこまでも善に生きること。
※**恕**《じょ》は、包み込んで育てていくということで、そこから慈悲《じひ》とか思いやりという意味に使われる。
※**恭**《きょう》とは敬《うやま》うこと。

※敬《つつし》むは、敬《うやま》い慎《つつし》むこと。

※仁《じん》は、恵《めぐ》み慈《いつく》しむこと。

※敬《けい》は、自分を慎《つつし》んで相手をおろそかにしないこと。

※孝《こう》は、子が親を敬《うやま》い親につくすこと。

※慈《じ》は、愛情を持ってかわいがり大切にすること。

※信《しん》は、約束を守り務めを果たすこと。

※大本《おおもと》は、物事の根本のこと。

※情《まこと》は、実《まこと》と同じ。

※道理《どうり》とは、そうあるべき筋道のこと。

※友《ゆう》とは親しくまじわること。

※忠《ちゅう》は、君主に対して臣下としての本分をつくすこと。

※順《じゅん》は、逆らわず素直に従うこと。

※恵《けい》は、意《こころばせ》をつくすこと。

※仁愛《じんあい》は、思いやること、恵みいつくしむこと。

※謙譲《けんじょう》はへりくだりゆずること。

※一心《いっしん》の微《び》は、ほんのちょっとした気持ちのもちようのこと。

※機《き》は、物事の発起点《ほっき》のこと。

※絜矩《けつく》の道は、思いやりの道、思いやりの心のこと。自分自身のまごころをさしがねとして、それでいろいろなことを広く推《お》しはかること。
※悖《もと》るは、道にたがうこと。

○徳と玄徳《げんとく》と明徳《めいとく》

徳は、宇宙を対象にすれば、宇宙ができあがった時点で存在していたすべてのもの。造化によって与えられた物質的なもの、エネルギー、すべての法則性、こういったものを包含したもの、自分を対象にすれば、自分がもって生まれたものすべて、生まれてから現在まで造化によって与えられたすべてのもの。自分を動かすエネルギーと法則性、これらすべてを包括して徳といいます。自分にとって都合《つごう》のいいものも悪いものも造化によって与えられたものはすべて徳です。

この徳の中で、人間の感性において明らかになったものを明徳《めいとく》といいます。そしてそれ以外の徳を玄徳《げんとく》といいます。

自分を中心にして祖先と子孫を考えてみれば、死んでしまったとはいえ親や祖先が存在していたから、いま自分が存在しているわけですから、親や祖先は自分にとって玄徳《げんとく》ということになります。

自分は、その親の子として明徳《めいとく》、自分たち夫婦と子供の関係でいえば、まだ子供のいない状態が玄徳《げんとく》、子供が生まれれば、その子供が自分たちの徳が、明らかになったということで明徳ということになります。

ですから、いわゆる五感、六感を通じて、自分の意識の中に入ってくるものは、自分の意識の中で徳が明らかになったもの、つまり明徳ということになります。

※徳は明徳《めいとく》の材料

※徳＝明徳《めいとく》＋玄徳《げんとく》

※明徳《めいとく》、徳が明らかになるということは、潜在的にもっている能力が顕在化すること。

三綱領《さんこうりょう》

大学の道は明徳《めいとく》を明らかにするに在《あ》り。民に親《した》しましむるに在《あ》り。至善《しぜん》に止《し》するに在《あ》り。

大人《たいじん》の学の目的は、まず第一に、自分自身の明徳《めいとく》を明らかにすること。次に、自分自身の明徳《めいとく》を明らかにした上で、自《みず》ら民に親《した》しみ、またみんなが仲良く自《みず》らの明徳《めいとく》を明らかにできるようにさせること。そして、この二つのことができるようになったら、その状態を定着させ継続させることです。

明徳《めいとく》を明らかにする（明明徳《めいとく》）

ピアノという楽器があります。音を鳴らせばその音は聞こえるはずです。鍵盤にたたかれたピアノ線の振動が造化《ぞうか》の法則にしたがって振動し、その振動が人に徳として与えられた聴感覚に音として認識されたわけです。これが徳が明らかになったかたち、つまり明徳《めいとく》です。その徳として与えられた聴感覚をみがいて、その音がドなのかレなのか識別できるようになること。これも明徳《めいとく》を明らかにすることです。

料理でも同様です。一口味わっただけで、これには何と何が入っているなどということがわかる人がいる。こういう人は味覚という明徳《めいとく》が、さらにみがかれて明明徳《めいめいとく》になっているのです。赤ちゃんはことばを話すことができません。しかし練習していくことによって話すことができるようになります。この話せるようになった状態を、徳が明らかになった状態、つまり明徳《めいとく》といいます。話す能力は潜在的に持っているがまだ話せなかった赤ちゃんの状態を徳がまだ明らかにならない状態、玄徳《げんとく》といいます。

話せるようになったという明徳《めいとく》をさらに、勉強することによってみがいていくことを明《めい》明徳《めいとく》といいます。

やればできる能力を持っているこどもが勉強をしないで、まだ成績が良くなっていない状態が玄徳《げんとく》、そのこどもが一生懸命勉強し、持っている能力を発揮して、成績を上げることが、徳を明らかにすること、これがつまり明徳《めいとく》です。

徳といっても人間以外のものにとってはただ存在するだけのものです。人間だけに複雑な思考、精神、情操《じょうそう》などというものが明徳《めいとく》として与えられているのです。ですからその明徳《めいとく》を活用してさらに明明徳《めいめいとく》として輝かせていかなければいけないのです。

この明明徳《めいめいとく》の条目は、修己《しゅうこ》といい、国家を立派に統治《とうち》できるような人物になるためには、まず自分自身の徳を明らかにしなければならないということを教えています。

※明徳《めいとく》、徳が明らかになるということは、潜在的な能力が顕在化したということ。

民を親しましむる（親民）

自分の明徳《めいとく》を明らかにすることができるようになったら、自分だけではなく、一般の人たちの明徳《めいとく》も明らかにできるようにさせてあげましょう。そして自分に縁があって知り合った人達も自分のお父さんやお母さんや兄弟姉妹たちのように、心から大切にしましょう。そして、みんながお互いに仲良くできるよう工夫し、自分の力の出し惜しみをせず、せいいっぱいまわりの人達のために努力しましょう。

すべての人たちに対しお母さんが赤ちゃんを大切に扱うような気持ちで接することを忘れなければ、みんながリーダーを信頼し、結束するようになるのです。

親民《しんみん》の項目は、治人《ちじん》といい、国家を統治《とうち》するリーダーは、仁愛をもって領民が自分の明徳《めいとく》を明らかにし、互いに親しみあうことができるような環境作りをして、彼らすべてが豊かな生活ができるようにさせなければならないということを教えています。

至善に止《し》する(止至善《ししぜん》)

日常生活においては、自分の話すことや、自分の行動などを自分で考えられる「よいことのもっとも高い基準」にあわせること。そしてよくない誘惑があっても負けないで、つねに自分の心の中に「最善で理想的な基準」を守り続けようとするポリシーを保ち続けること。また何か突発的なことがあっても、人のせいにしないで、「最善で理想的な基準」を保ち、自分自身の判断と責任で自《みずか》らの行動をしっかりと管理する姿勢を堅持しましょう。

この「止至善《ししぜん》」の項目は、修己という立場で自分自身を修養《しゅうよう》することも、治人という立場で、リーダーとして仁愛をもって領民に向かい合うことも、すべてが「最善で理想的な基準」にのっとって行なわれ、そこに止まっていなければならないということを教えています。

至善《しぜん》とは、物事の理の極み、物事の真実、つまり、善の中の最高の善のことで、わたしたちは努力してそこへ到達し、止《とど》まっていなければならないのです。

※止至善《ししぜん》とは、自然の状態に到達しその状態を維持していくこと。

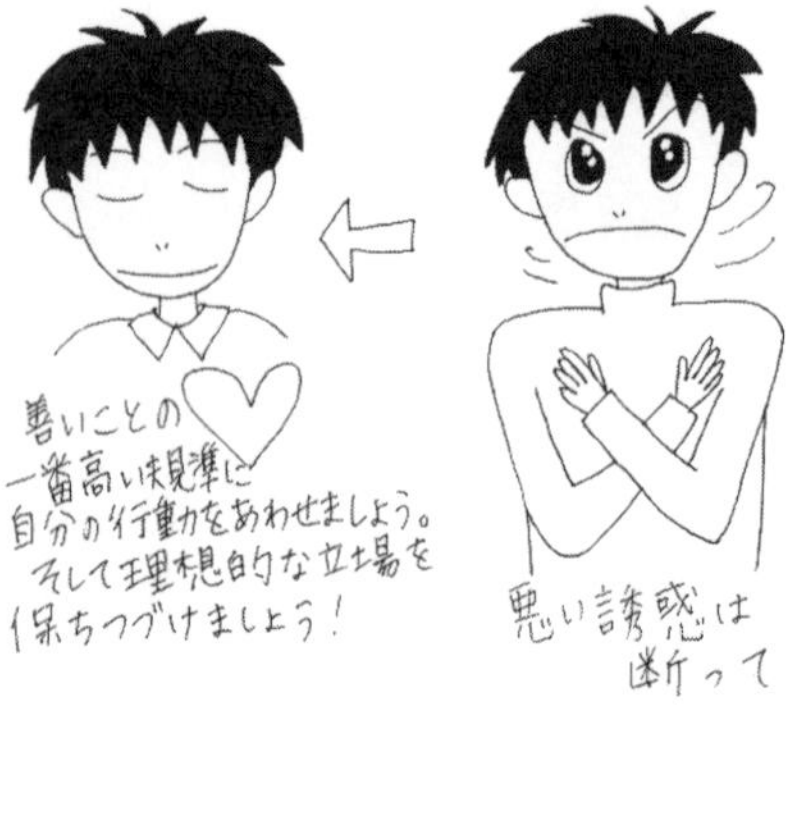
悪い誘惑は
断って
善いことの
一番高い規準に
自分の行動をあわせましょう。
そして理想的な立場を
保ちつづけましょう!

道に至る原則

止《とど》まるを知りて后《のち》、定《さだ》まる有《あ》り。定《さだ》まりて后《のち》、能《よ》く静かに。静かにして后《のち》、能《よ》く安《やす》く。安《やす》くして后《のち》、能《よ》く慮《おもんぱか》る。慮《おもんぱか》りて后《のち》能《よ》く得《う》。物に本末《ほんまつ》あり、事に終始《しゅうし》あり。先後《せんこう》する所を知れば則《すなわ》ち道に近し。

人は一定の境地に達すると心が安定してきます。心が安定すると心の動揺がなくなる。心の動揺がなくなれば、落ち着きます。落ち着くことができてよく慮《おもんぱか》ることができようになります。慮《おもんぱか》ることができてよく得ることができるのです。慮《おもんぱか》るは、思いをめぐらせ、よくよく考えることです。物には本末《ほんまつ》があり、ことには終始《しゅうし》があります。何が大切で何が大切でないかということがわかれば道に近いといえるでしょう。本末《ほんまつ》は、物事の根本とそうでないものということです。

○道に至る

←人間にとっての止まるべきところ、つまり至善《しぜん》の地がどこにあるのか、そして自分は何をなすべきなのかということがわかった人は、自分の志《こころざし》が明確になり、その結果その人の心は安定し落ち着いてきます。これが定まるということです。

←心が安定し落ち着いてくれれば、外からの誘惑があっても心が動揺することがなくなります。これが静かになるということです。

←外からの誘惑に心が動揺しなくなれば、悩んだり苦しんだりすることがなくなります。これが心が安静になったということです。

←このように心が安静になった状況になって初めて知恵が働くようになり、自分の持っている能力が充分発揮《はっき》されるようになるのです。

←そして自分の能力が充分発揮《はっき》されるようになればいろいろなものを得ることができるようになります。

今自分が一番先にやるべきことは何だろう?
やめなきゃいけないことは何だろう?

○本末終始《ほんまつしゅうし》

ものごとには必ず根本と末端があり、また始めと終わりがあります。何が根本で何が末端のことなのか、自分にとっての先決問題は何で、何が後でやるべき問題なのか。こういうことをわきまえて物事を処理していくことができるようになればすべてのことはうまくいくのです。

そしてこういうことができるようになれば、自分の言動が、造化の法則に近づいているといえるのです。

※慮《おもんぱか》るは、思いをめぐらせ、よくよく考えること。

※本末は、物事の根本とそうでないもの。

大学八条目

古《いにしえ》の明徳《めいとく》を天下に明らかにせんと欲する者は、まずその国を治む。その国を治めんと欲する者は、先ずその家を斉《ととの》う。その家を斉《ととの》えんと欲する者は、先ずその身を修む。その身を修めんと欲する者は、先ずその心を正しくす。その心を正しくせんと欲する者は、先ずその意を誠にす。その意を誠にせんと欲する者は、先ずその知を致《きわ》む。知を致《きわ》むるは物に格《いた》るに在《あ》り。物格《いた》って后《のち》、知至《きわ》まる。知至《きわ》まりて后《のち》、意誠なり。意誠にして后《のち》、心正し。心正しくして后《のち》、身修まる。身修まりて后《のち》、家斉《ととの》う。家斉《ととの》いて后《のち》、国治《おさ》まる。国治《おさ》まりて后《のち》、天下平らかなり。


←昔、明徳《めいとく》を天下に明らかにしようとした人は、まずその国を治めました。

←その国を良く治めようとした人は、まずその家を斉《ととの》えました。

←その家を斉《ととの》えようとした人は、自分自身をよく修めました。

←自分自身をよく修めようとしていた人は、自分の心を正しました。

←自分の心を正そうとした人は、自分の思いを誠実にしました。

←自分の思いを誠実にしようとした人は、自分の道徳的な判断力を充分におしきわめました。

←道徳的な判断力をおしきわめて明晰《めいせき》にするためには、ものごとについての善悪を確かめることです。

←ものごとの善悪がたしかめられてこそ、道徳的判断が明晰になります。
←道徳的判断が明晰《めいせき》になってこそ思いは誠実になります。
←思いが誠実になってこそ心が正しくなります。
←心が正しくなってこそ身が良く修まるのです。
←身が良く修まってこそ家が斉《ととの》うのです。
←家が斉《ととの》ってこそ国が治まるのです。
←国が治まってこそ天下を平安にすることができるのです。

○平天下から格物《かくぶつ》

昔、天下を平定しようとした人の国は良く治まっていました。国を治めることを「治国《ちこく》」といいます。また、自分の国を良く治めることのできた人は、家庭をよく斉《ととの》え家族は仲むつまじく生活していました。家族が仲良く生活し家庭がうまく斉《ととの》っていることを「斉家《せいか》」といいます。また、家庭をよく斉《おさ》め家族を仲むつまじく生活させていた人は、自分自身に過ちのないようよく修めていました。自分自身を修めることを「修身《しゅうしん》」といいます。

また自分自身をよく修めていた人の心は、いつも動揺せず平正で落ち着いていました。何があっても自分の心が動揺せず、平正に保ち落ち着いている状態を「正心《せいしん》」といいます。また、自分の心がいつも動揺せず平正で落ち着いている人の思いはいつも誠実に保たれていました。自分の思いが誠実に保たれていることを「誠意《せいい》」といいます。

誠意の人は、至善《しぜん》をベースに行動していますから、至善《しぜん》がどういうものかということがわかっています。当然、やっていいことや悪いことなどは、しっかり整理されています。このように、自分の中に、道徳的判断が充分におしきわめられ自然界の道理や筋道が明確に整理されていることを「致知《ちち》」といいます。

また、自然の道理や物事の筋道を突き詰めるためには、国語、算数、理科、社会、音楽、体育、など、いろいろな分野の学問を勉強していくなかで、そこに共通する真理をみつけだし、物事の善悪、「何が良くて何が悪いことなのか」、それに、「何がどうなってどういう関係になっているのか」、こういったことをつきつめていかなければなりません。こういった勉強を「格物《かくぶつ》」といいます。

○格物《かくぶつ》から平天下

格物《かくぶつ》を進め、自然の道理や物事の筋道が突き詰められることによって、自分のベースは至善《しぜん》に戻ってきますので、おのずから自分の進むべき方向が見えてきます。

こうして至善《しぜん》をベースにして自分の心に偽りなく行動していると、いろいろな誘惑があっても動かされず、なにがあっても、心は動揺せず平正でいることができるようになるので、自分の思いは誠実に保たれるようになります。

誠実な心は平正ですから、心がこのような状態になると、心は安らかに安定してきます。

心が安らかに安定した状態になると、心が正しく保てます。

すると何の心配もない安らかな心で、ものごとを正しく考え、正しく判断できるようになります。

ものごとを正しく考え、正しく判断できるようになると、自分自身を良くコントロールし、修めることができるようになるのです。

ここまでが「修己《しゅうこ》」の範囲、つまりわが身の修養《しゅうよう》の範囲です。「修己《しゅうこ》」、わが身が治まって、次の「治人《ちじん》」の段階に入ることになります。

自分自身をコントロールし、よく修めることができるようになると、家族を仲良くむつまじくさせることができます。家族を仲良くむつまじくさせることができるようになると、国をよく治めることができます。そして国をよく治めることができて初めて、天下を平安にするという最終目標に到達することができるのです。

※格物《かくぶつ》は、自然の道理や物事の筋道を突き詰めるために、いろいろな分野の学問を勉強し、そこに共通する真理の中から、物事の善悪や相互の関係をつきつめていくこと。

※致知《ちち》は、自分の中に、道徳的判断が充分におしきわめられ自然界の道理や筋道が明確に整理されていること。

※誠意《せいい》は、自分の思いが誠実に保たれていること。

※正心《せいしん》は、自分の心が動揺せず、平正に保ち落ち着いている状態のこと。

※修身《しゅうしん》は、自分自身を修めること。

※斉家《せいか》は、家族が仲良く生活し家庭がうまく斉《ととの》っていること。

※治国《ちこく》は、国を治めること。

※平天下《へいてんか》は、天下を平安にすること。

自分をコントロールして
自分の行ないを正しくする

一に是《これ》皆身を修るを以《もっ》て本《もと》と為《な》す

天子より以《もっ》て庶人《しょじん》に至るまで、一《いつ》に是皆《これみな》身を修《おさむ》るを以《もっ》て本《もと》と為《な》す。その本《もと》乱れて末治《おさ》まる者は否《あら》ず。その厚《あつ》かる可《べ》き者薄くして、その薄かる可《べ》き者厚きは、未《いま》だこれ有らざるなり。此《これ》を本を知ると謂《い》う。此《これ》を知の至《きわ》まりと謂《い》うなり。

天子から庶民まで、同じようにみなわが身を修めることを根本にしなければなりません。その根本がでたらめで、末端である国や天下が治まるわけがないのです。自分で力を入れなければいけないことを手薄にして、手薄でも良いところがうまくいくなどということはあるわけがありません。こういうことを根本を知るといい、知識の極《きわ》みというのです。

○学ぶべき根本

つまり、王から庶民までどのような立場にある人でも、まず自分自身をよくコントロールして自分の行いを正しくすることが重要で、これが根本なのです。

自分自身を修めて自分の行いを正しくすることが根本で、天下や国を治めるという最終目標は末端のことになります。ですから、自分自身の行いを正しくする、身近な家族を斉《ととの》えるという根本をいいかげんに、でたらめにしている人が、末端の、最終目標である国や天下をよくまとめ、治《おさ》めていけるはずはないのです。

また、いま自分が力を入れてやらなければいけないことをおろそかにするような人は、結局どんなことをやってもいいかげんにしかできないものです。

最終的に天下国家を治めるという大きな目標を目ざしながらも、まず「自分自身をよく修めること」が、第一であることを知り、自分自身が現時点で力を入れてやらなければいけないことをわきまえている人、こういう人を真に根本を知っている人というのです。

※すべての立場の人にとって、自分自身をよく修めることが根本です。

根本を知るとは？
・自分をよく修めること
・そのためには、
自分が今、何に力を入れなければならないか
↓
これをわきまえること

心を誠にする。

謂《い》わゆるその意《い》を誠《まこと》にすとは、自《みずか》ら欺《あざむ》くなきなり。悪臭《あくしゅう》を悪《にく》むが如《ごと》く、好色《こうしょく》を好《この》むが如《ごと》くする。此《これ》を自《みずか》ら謙《こころよく》すと謂《い》う。故《ゆえ》に君子《くんし》は必ずその独《どく》を慎《つつし》むなり。

自分の心を誠《まこと》にするということは、自分で自分を欺《あざむ》かないことです。

自分で自分を欺《あざむ》かないということは、いやな臭いをかいだときに嫌悪《けんお》感をもつように、また、きれいな色を見たときにそれを快く感じるように、そもそも人間である自分に与えられた自然の感情に従うことです。

あらゆることを自《みずか》ら自然に備わった感情のまま感じ、そして行えば、自分が自分に対し何も欺《あざむ》くことはありません。こういうことを自《みずか》らが自分自身を謙《こころよ》くするというのです。

そのために君子《くんし》は、人がどうであろうとその悪い影響を受けず、自分自身の良心を自然の感情に従って繕《つくろ》う努力をするのです。

○自然の感情に従う

人間というものは自然の中の一部です。動物が動物としての特徴をもって存在するように、また植物は植物としての特徴をもって存在しているように、人は生まれながらにして、人として自然に与えられた心身の特徴をもっています。

身体的な面をみても、大きいとか小さいとか、足が長いとか短いとか、肌の色が黒いとか黄色いとかという多少の違いはありますが、それはあくまで人間としての一定の範囲に収まっています。いくら熊のようだ猿のようだといっても、本当に熊のような姿をした人間はいませんし、猿のような人間もいません。

心という面を考えても、それぞれの人は個性を持ち、感じ方も考え方もそれぞれ違っているのですが、やはり、うれしいときにはよろこび、悲しいときには悲しみます。また美しいものを見れば心はすがすがしさを感じますし、汚い醜《みにく》いものには嫌悪《けんお》感をもってしまいます。やはりその感じ方は人としての一定の範囲に収まっています。

このような物事に感じて発動する、そもそも人間に共通して備わっている心の動きを自然の感情といいます。

○自分を欺《あざむ》かない

このように人が、くさいにおいを嫌い、美しいきれいな色を好むように、人は人としての自然の感情の中に、良心というかたちで善いことを好み、悪いことを嫌う性質を備えています。だからその、自分の中にある良心を欺《あざむ》かなければ、なにが善くて、なにが悪いかということは、すでにわかりきっていることなのです。

自《みずか》ら欺《あざむ》くというのは、このように善いこと、悪いことが自分のなかでわかっていながら、自分をとりつくろったり、適当な理由をつけて自分をごまかしたり、悪いと知りつついけないことをやってしまったりすることをいうのです。

それではなぜ、わかっていながら自分を欺《あざむ》くのでしょうか、なぜいやなことをいやでないような顔をしたり、好きなものを好きでないような顔をしたりするのでしょう。

それは、要するに他人からの評価を恐れているのです。

「好きだといったらどう思われるか、あるいは嫌だといったら、周りにどのような反応をされるのか」

こんなことを心配して怖がっているからなのです。しかしこういうことは自分自身の本心ではありません。自分の本心を欺《あざむ》いて、人にどう思われるかということのために行動して、自分の本心に従った行動をしないというのでは、自分自身を向上させることも、自分自身の心の満足も得ることはできません。

自分をごまかさないということは、自分の良心に従うことです。なにもよけいなことを考えずに、単純に良心に従って、善いと思うことは徹底して行い、悪いと思うことは徹底してやめればいいのです。

ただ良心とはいっても、この良心がくもっている場合がありますから、いつも自然の感情にてらして、良心のくもりを取り去る努力はし続けなければいけません。

○自《みずか》ら謙《あきた》る

自分に正直に、良心に従った生活をしていれば、いつも謙《こころよ》い気持ちでいることができます。そしてこのように自分の気持ちに正直で、自然の感情に従った生活を続けていれば、だんだんと自分自身の心も満ち足りたものになっていきます。

本文には謙《こころよ》いとありますが、この字はあきたるともいいます。謙《あきた》るというのは、ありのままの自分に満足し自分の分限をわきまえ、その自然な感情の命ずるままに行動し、しかも力の出し惜しみをしないことをいいます。

たとえば花は、自然から与えられた成長の法則に従って育ち、花を開かせます。ただ自然に従って一生懸命なにも考えずに咲いています。決して力を抜いたり、いいかげんに咲いたりしていません。また、人は花を観賞しますが、花は人に観賞されるために咲いているのではありませんし、ほめられるから咲くのでもありません。花は花として一生懸命に自分をまっとうしようとしているわけです。

こういうことを自《みずか》ら謙《あきた》るというのです。人間はなまじ知恵があるばかりに、ややもすれば自《みずか》ら謙《あきた》る努力を忘れています。人間や人間に近い動物だけが手を抜くことを知っているようです。まったくなさけないことなのです。しかしこのように、人が自《みずか》ら謙《あきた》ろうと努力をすれば、その心は正しいものになっていくのです。

しかし、自分に正直に、良心に従った生活をしていれば、いつも気持ち良くしていられるとはいっても、いつのまにか自分の心を満足させることが、正しい道筋から外れてしまうことがあるかもしれません。そこで、独《どく》として生きることが必要になってくるのです。

○独《どく》として生きる

自分が自分をごまかさないできちんと生活しているか、それともいいかげんにしているのかということは、だれにもわかりません。知っているのは自分だけです。当然、他人《ひと》はあざむくことができても、自分にうそはつけません。だからこそ他人が見ているとか見ていないかという問題ではなく、独《どく》として生きることが大切なのです。

独《どく》というのは、まったくありのままの自分のことです。絶対値としての自分、名誉や肩書きを取り去った、まったくはだかの自分です。

このはだかの自分が、人が見ているとか見ていないとか、ほめられるとか、しかられるとか、これをやればもうかるとか、損するとか、そんな、外からの刺激や誘惑に一切影響されないで、人がどうであれ自分は自分として、自分の良心に忠実に従ってどこまでも善に生きる。こういうことを独《どく》として生きるというのです。

つまり、誰も見ていないところでも、自分で自分をよくチェックして、悪いところは改め、良いところは伸ばして、いつも自分の良心を向上させ、自《みずか》ら謙《あきた》るための工夫を続けていくということです。

君子《くんし》たるものは、外からのあらゆる悪い誘惑の影響を排除して、ひたすら自分自身の良心を自然な感情に従って修復する努力をしなければいけないのです。

※謙《あきた》るとは、ありのままの自分に満足し自分の分限をわきまえ、その自然な感情の命ずるままに行動し、しかも力の出し惜しみをしないこと。

※心《こころ》とは、わたしたちの知識、感情、意志などの精神的な働きを支配する主体。

※意《こころばせ》とは、その心の動きのこと。

朱子《しゅし》は、心《こころ》はわたしたちの体を管理するご主人様であり、意《こころばせ》は、そのご主人様が発する命令だと教えています。

※誠《まこと》とは、偽りのない本物のこと。自《みずか》らを欺《あざむ》かないこと。偽《いつわ》りをいわないこと。

※独《どく》として生きるとは、自分の良心に忠実に従ってどこまでも善に生きること。

小人《しょうじん》閑居《かんきょ》して不善《ふぜん》をなす

小人《しょうじん》閑居《かんきょ》して不善《ふぜん》を為《な》し、至《いた》らざる所《ところ》なし。君子《くんし》を見て而《しか》る后《のち》、厭然《えんぜん》としてその不善《ふぜん》を覆《おお》いてその善《ぜん》を著《あらわ》す。人の己《おのれ》を視《み》ることその肺肝《はいかん》を視《み》るが如《ごと》く。然《しか》れば、則《すなわ》ち何《なん》ぞ益《えき》せん。故《ゆえ》に君子《くんし》は必ずその独《どく》を慎《つつし》むなり。

小人《しょうじん》は、他人《ひと》の目がとどかないところに一人でおくと、どうしようもなくろくなことをしません。

しかしこういう人でも、立派な人を見ると、心の奥にある良心がうずき、なんとか自分の不始末をごまかし、少しでもいいところを見せようとします。しかし他人《ひと》の目は、肺臓や肝臓を映し出すほどにも鋭いものですから、どんなにかくそうとしても無駄なことです。だから君子《くんし》はこの点によく注意を払い、おのれを深く慎《つつし》むのです。

慎《つつし》むというのは、一般的には耐え忍ぶとか、用心する、あやまちがないようにする、遠慮するなどという意味で使われていますが、ここでは自分自身の心の問題として、自分自身を包みこんで引き締め、自然の感情にもとづいた真心に、自分自身の良心を修繕《しゅうぜん》していくという意味に用います。

○大きな小人《しょうじん》と小さな小人《しょうじん》

小人《しょうじん》というのは、一般的に徳の少ない、とりえのないつまらない人のことをいっています。しかし正しくは、その人の持っている能力が、その人の持っている道徳性をうわまわっている人のことをいいます。

自動車にたとえれば、その人の持っている能力がエンジンで、道徳性が、その車を支えるシャーシやブレーキなどの車体ということになります。だから小人《しょうじん》は、軽自動車の車体に大型ダンプカーのエンジンをつけているような人ということになります。つまり小人《しょうじん》は、エンジンを支える車体の安全性の限界を超えて、エンジンの能力が大きく、そのためなまじ能力があるばかりにいろいろな面で不安定で、かえって危なくてしょうがない車のような人なのです。

同じ小人《しょうじん》でもランクがあります。自転車にオートバイのエンジンをつけているような小人《しょうじん》もいます。こういう人は小さな小人《しょうじん》、先ほどのような、軽自動車の車体に大型ダンプカーのエンジンをつけているような人は大きな小人《しょうじん》ということになります。

いずれにせよ、こういう人たちは、他人《ひと》の目がとどかないところに一人でおくと、力があまるのか、まったくろくなことをしないのです。人に見られていないことをこれ幸いに、いろいろ悪いことをやってしまうのです。

○その不善をおおいてその善を著す

しかしこういう人でもその自然の感情の中に、善いことをし悪いことはやめなければいけないということが無意識下にあります。だから、立派な人を見たりすると、その人に影響されて厭然《えんぜん》とするのです。

厭然《えんぜん》というのは、自分の行いを自分自身の良心に恥じていやになり、なんとか自分の悪いところを覆《おお》いかくそうとすることです。

そこで小人《しょうじん》は、あわてて自分の悪いところをごまかしてうわべだけでもとりつくろっていいところを見せようとします。しかし、そんな一時しのぎのごまかしには誰もだまされません。その小人《しょうじん》の心の中にある悪いところは、いくらかくそうとしても、目つきや容貌《ようぼう》や立ち居ふるまいに表れてしまいます。とうていかくしとおすことなどできません。それに世間の人が、人を評価する目というものは、まるでレントゲン撮影で人間の体の肺臓や肝臓を映し出すほどにも鋭いものですから、どんなにかくそうとしても結局その中身は露見《ろけん》してしまうのです。

しょせん自分を欺《あざむ》いたり、人をごまかそうとしても、それを隠しとおせるものではありません。だから最初から自分を欺《あざむ》いたり、人をごまかそうとしたりしないで、いつ誰に見られてもいいようにしていた方が良いのです。

だから君子《くんし》はこの点によく注意を払い、おのれを深く慎《つつし》むのです。

心広ければ体《からだ》も胖《おおい》なり

曾氏曰《そうしいわ》く十目《じゅうもく》の視《み》る所《ところ》、十手《じゅっし》の指《ゆび》さす所《ところ》、其《そ》れ厳《げん》なるかなと。富《とみ》は屋《おく》を潤《うるお》し徳は身を潤《うるお》す。心広ければ体も胖《おおい》なり。故《ゆえ》に君子《くんし》は必ずその意《い》を誠《まこと》にす。

曾子《そうし》はこういっています。世間の人たちが共通して指摘することには、しっかりと受け止めなければいけない厳《きび》しいものがあります。富がその家を潤《うるお》して立派なものにするように、徳は自分自身を潤《うるお》します。そして自分自身が潤され、その心が広く健全になれば、肉体もまた健康でおおらかになっていくのです。だから君子《くんし》たるもの、常に自分の良心を誠実に保つのです。

〇十指《じゅっし》の指差《ゆびさ》すところ其《そ》れ厳《げん》なるかな

孔子の弟子に曾子《そうし》という人がいました。孔子の弟子の中でも特に謙虚で、自分自身を反省する言葉を多く残している人です。その曾子《そうし》の言葉です。

世間の人の目は常に厳しく自分に向けられているものだから、多くの人たちに共通して指摘されることは、心して、厳《きび》しく受け止めなければいけません。

たとえだれも見ていなくても、だれもいないところでも、これだけはお釈迦様でもわかるわけはないと思っても、悪いことをすれば、それを覆《おお》いかくすことはできません。なぜならば、それは必ず何かの形になって自分の言動に表《あらわ》れるからです。君子《くんし》たるものは、そういうことを大いに自覚し、厳粛《げんしゅく》に畏《おそ》れ、常に自分自身の良心に従って、言動を慎《つつし》んでいかなければいけません。

○富は屋を潤《うるお》し徳は身を潤《うるお》す

しかしまた、心が誠実に保たれ、だれが見ていても見ていなくても、しっかりと自分の良心に従いながら、言動を慎《つつし》んでいれば、それはやはりどんなにかくしても良い形で外に表れてくるものです。こうなれば、その効果は、また著《いちじる》しいものがあります。

一生懸命働いて少しずつお金がたまり、自分に財産ができてくると、家を修理したり広げたり、また新築したりというように、家屋もその恩恵を受け立派なものになっていきます。同じように、自分自身に徳がたまれば、徳は自分自身を潤《うるお》します。そして自分自身が潤《うるお》えば、その心も広く健全になります。そして心が広く健全になれば、その肉体も健康でおおらかになっていくのです。こういうことを「内面が誠実であれば、おのずから外にもあらわれる」というのです。だからこそ、その意《い》を誠にすることが大切なのです。

※その意《こころばせ》を誠にするとは、自分の心が発する命令に、自分自身を欺《あざむ》いたり、他を偽《いつわ》ったりする内容が滲《にじ》まないように注意して心がけること。

詩経《しきょう》書経《しょきょう》等からの引用

大学では、内容をより良く理解してもらうために、またその考え方の正当性の根拠を古典に求めるために、詩経《しきょう》、書経《しょきょう》などから文章を引用する方法をとりいれています。それは単なる飾りとしてではなく、昔の聖賢《せいけん》達もこういっていたという文章を引用することによって自分自身の考えの根拠を示したものだと思われます。

詩経《しきょう》と書経《しょきょう》は孔子が編纂したものといわれています。

詩経《しきょう》は古代中国の詩が三百十一編、収録されたものです。

書経《しょきょう》は、中国上代《じょうだい》の王、尭舜《ぎょうしゅん》から秦《しん》の穆公《ぼくこう》に至るまでの、中国古代政治の歴史と教育について書かれたものです。二十巻、五十八編からなるもので初めは書《しょ》、漢代《かんだい》には尚書《しょうしょ》、宋代《そうだい》に書経《しょきょう》といわれました。

大学での引用の仕方は、断章取義《だんしょうしゅぎ》といって、本来の文献全体の意味とは関係なく、詩や文章の一部を切り取って、その表現の範囲だけの言葉の意味を使うという手法を用いています。

切磋琢磨《せっさたくま》

詩に云《い》う 彼《か》の淇澳《きいく》を瞻《み》るに緑竹《りょくちく》 猗猗《いい》たり。有斐《ゆか》しき君子《くんし》は切るが如《ごと》く磋《みが》くが如《ごと》く琢《う》つが如《ごと》く磨《す》るが如《ごと》し。瑟《しつ》たりかんたり赫《かく》たり喧《けん》たり。有斐《ゆか》しき君子《くんし》は終《つい》に諠《わす》るべからずと。切るが如《ごと》く磋《みが》くが如《ごと》しとは、学ぶを道《い》うなり。琢《う》つが如《ごと》く磨《する》るが如《ごと》しとは、自《みずか》ら修《おさむ》るなり。瑟《しつ》たりかんたりとは、恂慄《じゅんりつ》なるなり。赫《かく》たり喧《けん》たりとは、威儀《いぎ》あるなり。有斐《ゆか》しき君子《くんし》は終《つい》に諠《わす》るべからずとは、盛徳至善《せいとくしぜん》にして民《たみ》の忘《わす》るる能《あた》わざるを道《い》うなり。

詩経衛風淇澳篇《しきょうえいふうきいくへん》

あの淇《き》という川の、流れが湾曲して、その流れが少し緩やかになったところに、すばらしい緑色をした竹林が美しく茂っている。そのすばらしく美しい竹林のように、美しく豊かな才能に恵まれた光り輝くような君子《くんし》がいる。その君子《くんし》は、まるで腕のいい細工師が、象牙《ぞうげ》や角《つの》をのこぎりや小刀で切ったり削ったりして形を整えた後、また更に、やすりやかんなをかけて美しい形を作り出すように、また腕のいい細工師が、玉石《ぎょくせき》をつちでたたき割ったり、のみで削ったりして整形し、その上に、砥石《といし》や磨《みが》き砂を使ってすり磨いて、美しい宝石に仕上げていくように、学問修養《しゅうよう》にこれで終わりということがない。

行動が作法にかなっていてほこりたかく、閑雅《かんが》、つまり慎《つつし》み深く、上品で雅《みやび》やかである。そしてまぶしく光り輝いている。そのような、豊かな才能に恵まれた光り輝くような君子《くんし》のことは、いつまでも忘れられない。

○知性を高めるために切磋《せっさ》する

象牙《ぞうげ》や角《つの》は、そのままの形ではあまり役に立ちませんので、切ったり磋《みが》いたりすることによって形をととのえ、価値あるものに変えていきます。

君子《くんし》はこのように学問を通じて自分の中の余計なものを切り取り、断面をよく磋《みが》いて、自分自身の知性を高めるのです。

切るというのは象牙《ぞうげ》や角《つの》をのこぎりや小刀で切ったり削ったりして形を整えること。磋《みが》くとはやすりやかんなで削ることをいいます。

このように学問を通じて知性を高めるということは、彫刻のように余計なものを切り取り、断面をよく磋《みが》いて加工し、一つの形を作り上げていくことなのです。

○徳性を高めるために琢磨《たくま》する

つぎに、徳性を高めるためにはどうするかということです。徳性というものは宝石の原石と同じように、そもそも価値あるものとしてすでにそれぞれの心の中に存在しています。その価値あるものが原石として最初から、心という石の中に埋まっているのですから、まず原石を傷つけないように、金槌《かなづち》でこの石をたたき割って取り出すのです。整形するのはそのあとです。掘り出した宝石そのものを尊重しながら、必要に応じその用途によって削って整形し、その後、砥石《といし》や磨《みが》き砂で、研磨《けんま》して宝石に仕上げます。

つまり宝石も、徳性も、その本質的な美しさは、そのまわりの余分なものを琢《う》つ磨《みが》くという方法で取り除けばひとりでにあらわれてくるのです。

ですから君子《くんし》は至善《しぜん》に止《し》することで、自分を琢《う》ち、磨《みが》いて、自分の心にこびりつく余分な汚れを取りさる努力を怠《おこた》らずに、自分の徳性を光り輝かせているのです。

○盛徳至善《せいとくしぜん》

有斐《ゆか》しき君子《くんし》とは、才能にあふれ、光り輝くような君子《くんし》のことです。そのような君子《くんし》はまず、瑟《しっ》でありかんである。瑟《しっ》でありかんであるというのは、行動が作法にかなっていてほこりたかく、閑雅《かんが》である。つまり慎《つつし》み深く上品で雅《みやび》やかだということです。このような君子《くんし》は恂慄《じゅんりつ》、つまり心をゆるがせにしないで、恐れるほどに身を慎むというのです。

切磋琢磨を忘れずに
いつもいつもがんばらなくては

つぎに、赫《かく》であり喧《けん》である。赫《かく》であり喧《けん》であるというのは、まぶしく輝いているということ。外に表れる態度が理にかなっていて、君子自《くんしみずか》らは、プライドを高く持っていながらも、どんな人に対しても、礼節《れいせつ》を忘れず丁寧で作法にかなった行動をとるのです。常に心をゆるがせにせず戦々兢々《せんせんきょうきょう》として、その身を慎《つつし》んだ結果、このような立派な威儀が備わったということです。

この詩の中の君子《くんし》は、古代中国、周《しゅう》の時代の王、文《ぶん》王と、武《ぶ》王です。この詩はこの文《ぶん》王と、武《ぶ》王の徳を称えたものですが、このように才能に恵まれた光り輝くような、盛んな徳を持ち、至善《しぜん》に止《し》するすばらしい君子《くんし》であればこそ、民衆はいつまでたっても忘れることができないのです。

※戦々兢々《せんせんきょうきょう》は、恐《おそ》れ慎《つつし》むこと。
※琢《う》つとは、つちでたたき割ったり、のみで削ったりすること。磨《みが》くとは、砥石《といし》や磨《みが》き砂を使ってすり磨《みが》くことをいいます。
※知性を高めるということは、彫刻のように余計なものを切り取り、断面をよく磋《みが》いて加工し、一つの形を作り上げていくこと。
※徳性は宝石の原石と同じように、そもそも価値あるものとしてすでにそれぞれの心の中に存在している。

於戯《ああ》前王《ぜんおう》忘れられず

詩経周頌《しきょうしゅうしょう》烈文篇《れつぶんへん》に云《い》う於戯《ああ》前王《ぜんおう》忘れられずと。君子《くんし》はその賢《けん》を賢《けん》として、その親《しん》を親《した》しむ。小人《しょうじん》はその楽しみを楽しみて、その利《り》を利《り》とす。此《ここ》を以《もっ》て世《よ》を没《お》うるも忘れられざるなり。

詩経周頌《しきょうしゅうしょう》烈文篇《れつぶんへん》

ああ前王のことは忘れられない。君子《くんし》は、前王が、抜擢《ばってき》した賢人《けんじん》たちを同じように、敬《うやま》っています。そしてその親類縁者たちも、同じように親しみ愛しています。前王が実現した太平の世で、庶民は楽しんでいます。また前王が庶民の利益のために行った政策は、すべて庶民たちの利益と一致しています。

だからこのようなすばらしい前王のことは亡くなっても忘れられることがないのです。

○周《しゅう》の文《ぶん》王と武《ぶ》王

この詩は周《しゅう》の祭礼で、祖先の王たちに向かって奏上された詩です。祖先の王とは、文《ぶん》王と、武《ぶ》王のことです。

周《しゅう》の祖先は后稷《こうしょく》といい、伝説の王、堯《ぎょう》の臣下でした。周《しゅう》の十三代目の亶父《たんぼ》は、周《しゅう》の本拠地を陝西省《せんせい》にうつし、それ以後、周《しゅう》は西方の一大勢力となりました。

亶父《たんぽ》の孫である文王《ぶんおう》は、徳治を用いて近隣諸国(邑《ゆう》)との間に、領地を与える代わりに、軍役《ぐんえき》と租《そ》を受け取るという関係を築き上げました。

その子である武は、殷《いん》の第三十代の紂《ちゅう》王を破り、周《しゅう》は一小国から新しい王朝となりました(紀元前一〇五〇年頃)。

この後、武《ぶ》王は、まもなくして没し、その子供である成《せい》が即位したのですが、成《せい》王は幼年だったため、武《ぶ》王の弟の周公旦《しゅうこうたん》が後見人を務めました。成《せい》王の即位後、まもなく内乱がおきましたが、周公旦《しゅうこうたん》は反乱軍を撃破し、そのとき功労のあった臣下たちに領地をあたえ、周《しゅう》王朝と邑《ゆう》との関係を安定させることに成功しました。

この後、四代昭《しょう》王や五代穆《ぼく》王のころ周《しゅう》王朝は絶頂期をむかえました。


周《しゅう》の歴史を簡単に述べましたが、この詩では、この中の、文《ぶん》王と、武《ぶ》王を祖先の王としてほめたたえています。この二人は、周《しゅう》の歴史の中で、周《しゅう》の中興の祖という役割を担《にな》ったといえるでしょう。

○世を没《お》うるも忘れざるなり
前王たちは、すでに亡くなっているにもかかわらず、残された者たちが、いまでも思慕《しぼ》して忘れることができないのは、まさしくすばらしいものをわれわれ子孫に残してくれたからです。前王が、血縁や家柄にかかわりなく広く抜擢《ばってき》し敬《うやま》った、優れた能力を持った賢人《けんじん》たちは、あとを継いだ者たちも敬《うやま》っています。

賢人《けんじん》というのは、知恵、徳、行いにすぐれ賢明《けんめい》な人で、聖人《せいじん》に次ぐ徳を持っている人物のことをいいます。

賢明《けんめい》の賢《けん》は、学才、徳業に優れていること。明《めい》とは、一般人に見えないものが見えるという意味です。

そして前王たちが親しみ愛していた、賢人《けんじん》たちの親類縁者も、同じようにあとを継いだ者たちが親しみ愛しています。

前王たちが実現した天下太平の世の中で、今の時代の庶民たちは与えられた仕事のやりがいを楽しみながら、前王たちとともに楽しんでいます。また前王たちが庶民の利益のために考えた政策は、すべて庶民たちの利益と一致しています。その結果、国はたいへんよく治まっています。だからこのようにすばらしい王たちのことは、亡くなっても忘れられることはありません。

※大学の三綱領《さんこうりょう》を実現した人物として、文《ぶん》王と、武《ぶ》王をあげています。民衆は、このように明明徳《めいめいとく》、親民、至至善《しぜん》を実現した人物のことはいつまでも忘れることができないのです。

徳を自ら明《みずか》らかにするなり

康誥《こうこう》に曰《いわ》く「克《よ》く徳を明《あき》らかにす」と。大甲《たいこう》に曰《いわ》く「天《てん》の明命《めいめい》を顧《おも》い諟《ただ》す」と。帝典《ていてん》に曰《いわ》く「克《よ》く峻徳《しゅんとく》を明《あき》らかにす」と。皆自《みなみずか》ら明《あき》らかにするなり。

書経《しょきょうこうこうへん》 康誥篇

武《ぶ》王の子供である成《せい》王の後見人だった周公旦《しゅうこうたん》が、殷《いん》の残党を含んだ内乱を平定した後、弟の康叔《こうしゅく》に、殷《いん》民の統治《とうち》を命じた。そのときに、その心がまえとしていったことば。

文《ぶん》王が、よく身を慎《つつし》んでその徳を明徳《めいとく》として輝かせたように、国を治めるには、文王《ぶんおう》をよく見習って、自分の行動を深く慎《つつし》んでわが身を治《おさ》めなければならない。そのためつねに、自分の良心を曇らせる汚れを取り去る努力をしなければいけないのです。

書経《しょきょうたいこうへん》 太甲篇

殷《いん》は、紀元前十七世紀~十一世紀にかけて黄河中流域を支配していた王朝。殷《いん》の祖先は契《せつ》といい、夏《か》王朝の臣下でした。殷《いん》十四代目の成湯《せいとう》が、夏《か》王朝の暴君だった桀《けつ》をほろぼして王位につき、湯《とう》王となり、殷《いん》王朝をひらきました。この湯《とう》王に仕えた名宰相、伊尹《いいん》が、湯《とう》王の後継ぎの太甲《たいこう》に教えたことばです。

湯王《とう》は、天命に正しく従ったので、人民たちは心から王に親しみ従うようになった。後を継ぐ太甲王《たいこう》は、このように湯王《とう》の明徳《めいとく》を思い起こし、常に厳しく反省し天命にそむくことなく自分自身をよく慎《つつし》まなければならないのです。

書経堯典篇《しょきょうぎょうてんへん》

堯《ぎょう》は、古代の伝説上の王で、舜《しゅん》と並び、中国の理想とされている王です。その堯《ぎょう》は、驕《たか》ぶらずあなどらず、峻徳《しゅんとく》といわれる偉大なその徳を輝かせ、人がおこなうべき永遠不滅の法則をさだめたといわれています。

※峻徳《しゅんとく》とは、険しくきびしいおおいなる徳ということです。

※この三つの詩にあるように、理想的な政治が行われた唐虞三代《とうぐさんだい》のそれぞれの偉大な王でさえ、みな努力して自分自身の徳を明らかにしたのです。

※唐虞三代《とうぐさんだい》とは、唐堯《とうぎょう》、虞舜《ぐしゅん》の二代と、夏《か》、殷《いん》、周《しゅう》三代をいい、中国の歴史の中で理想的な政治が行われた時代といわれています。

日に新《あら》たに、日日《ひび》に新たに、又《また》日に新たなり

湯《とう》の盤《ばん》の銘《めい》に曰《いわ》く「苟《まこと》に日《ひ》に新《あら》たに、日日《ひび》に新《あら》たに、又日《またひ》に新《あら》たなり」と。康誥《こうこう》に曰《いわ》く「新《あら》たなる民《たみ》を作《おこ》せ」と。詩《し》に曰《いわ》く「周《しゅう》は旧邦《きゅうほう》なりと雖《いえど》も命維《めいこ》れ新《あら》たなり」と。是《こ》の故《ゆえ》に君子《くんし》はその極《きょく》を用《もち》いざる所なし。

殷《いん》の湯《とう》王の洗面器の水を入れる部分に彫りつけてある文章に、苟《まこと》に日に新《あら》たに、日々に新《あら》たに、また日に新《あら》たなれとある。

書経《しょきょう》康誥篇《こうこうへん》には、民衆を教育し鼓舞振起《こぶしんき》して新しい民衆に育てよとある。

○湯《とう》王の盤《ばん》の銘《めい》にいわく

殷《いん》の湯《とう》王は、自分の顔を洗ったり、体を洗ったりする洗面器の水を入れる部分に、「苟《まこと》に日に新《あら》たに、日々に新《あら》たに、また日に新《あら》たなれ」と彫りつけて、毎日毎日、顔や体を洗うたびにこの文を読み、自分の体の汚れを落とすように、自分の旧来の悪い習慣を反省して除き、自分自身を新たに向上させようとしていたのです。

日《ひ》に新たという言葉を三回もくりかえし、やりつづける決意を誓っています。

このように王自《みずか》ら鼓舞振起《こぶしんき》し、新たになることが、民衆を鼓舞振起《こぶしんき》させ新《あら》たにするということの基本になるのです。

書経《しょきょう》　康誥篇《こうこうへん》

武《ぶ》王の子供である成《せい》王の後見人だった周公旦《しゅうこうたん》が、殷《いん》の残党を含んだ内乱を平定した後、弟の康叔《こうしゅく》に、殷《いん》民の統治《とうち》を命じた。そのときに、その心がまえとしていったことば。

旧来の風習になじんでいる殷《いん》の民衆は治《おさ》めにくいと思うが、民衆を鼓舞振起《こぶしんき》させ、新しい国の民になったという革新の自覚を持たせ、活力のある民衆に育てなさい。

詩経大雅文王篇《しきょうたいがぶんおうへん》

周《しゅう》の成《せい》王の叔父《おじ》であり後見人でもあった、周公旦《しゅうこうたん》が、成《せい》王を戒《いさ》め教えたことば。

周《しゅう》は、尭《ぎょう》の時代から十数代も続く昔からの古い国ではあるが、文《ぶん》王、武《ぶ》王の時代になって、ようやく新しい天命が下った。

そこで天命の下ったいまこそ国の政策を新《あら》たにしなければならない。君子《くんし》たるものは、あらゆる面での究極的かつ根本的な原理原則を模索《もさく》研究し、それを徹底的に活用し、善の極致をもって国政に臨《のぞ》まなければいけないのです。

※鼓舞振起《こぶしんき》は、励《はげ》まし奮《ふる》い起こさせること。

緡蛮《めんばん》たる黄鳥《こうちょう》は丘隅《きゅうぐう》に止《とど》まる

詩に云《い》う「邦畿《ほうき》千里、惟《こ》れ民の止《とど》まる所」と。詩に云《い》う「緡蛮《めんばん》たる黄鳥《こうちょう》は丘隅《きゅうぐう》に止《とど》まる」と。子曰《しいわ》く「止《とど》まるに於《おい》てはその止《とど》まる所を知る。人を以《もっ》てして鳥に如《し》かざるべけんや」と。

詩経商頌篇《しきょうしょうしょうへん》 玄鳥《げんちょう》

この国の領有域千里四方、ここここそが殷《いん》の民衆が住むにふさわしいところだ。

この詩は、殷《いん》王朝を開いた湯《とう》王を称《たた》えたものです。

邦畿《ほうき》千里、惟《こ》れ民の止《とど》まる所。邦《ほう》は自国のこと、畿《き》というのは都を中心とした四方五百里の王の直轄地のことです。ですから邦畿《ほうき》千里というのは、王の直轄地千里四方ということになります。中国では自国がすべての文化の中心だという、いわゆる「中華思想」がありますから、自分の国以外は野蛮な地域と考えています。そこで、殷《いん》の民衆が住むにふさわしい土地は、すばらしい湯《とう》王が治めるこの土地だということなのです。

詩経小雅緡蛮篇《しきょうしょうがめんばんへん》

美しい声でなく黄鳥《こうちょう》は、うっそうと樹木が繁った丘の隅《すみ》を選んでとまる。孔子は、黄鳥《こうちょう》でさえ止まるときは、いろいろなことをわきまえて、止《とど》まるべきところをよく選んで止《とど》まっている。人でありながら、自分の止《とど》まるべき場所も知らずにいるとすれば、鳥にも及ばないといっています。

緡蛮《めんばん》たる黄鳥《こうちょう》、緡蛮《めんばん》というのは美しい鳥の声のこと、黄鳥《こうちょう》というのはうぐいすの一種のこと。このように美しい声で鳴く黄鳥《こうちょう》でさえ、木が繁った丘の隅《すみ》を選んでとまるというのです。孔子はこの詩を例に、このような黄鳥《こうちょう》のような小さな鳥でさえ、とまるときは、その身の安全や巣の場所など、いろいろなことをわきまえ、止《とど》まるべきところをよく選んでとまっている。ましては人でありながら、人として到達しなければいけない、至善《しぜん》という落ち着き先を知らずにいるとすれば、まったく小鳥にも及ばないことになるわけです。

そんなことではいけないと、至善《しぜん》に止《し》することの重要性を深く戒《いまし》めているのです。

※邦《ほう》は、自国のこと。

※畿《き》は、都を中心とした四方五百里の王の直轄地のこと。

止《し》するところを敬《つつ》しむ

詩に云《い》う「穆穆《ぼくぼく》たる文王《ぶんおお》は於《ああ》、緝熙《あきらか》にして止《とど》まるところを敬《つつ》しむ」と。人の君《きみ》たりては仁《じん》に止《とど》まり、人の臣《しん》たりては敬《けい》に止《とど》まり、人の子たりては孝《こう》に止《とど》まり、人の父たりては慈《じ》に止《とど》まり、国人《くにたみ》と交《まじ》わりては信《しん》に止《とど》まる。

詩経大雅文王篇《しきょうたいがぶんおうへん》

徳深く深遠な文《ぶん》王は、緝熙《あきらか》に輝きわたり、その態度はいつも一定で至善《しぜん》という、君子《くんし》が止《し》するべき理想的な立場に、慎《つつし》んで止《とど》まり続けています。人君《じんくん》としては、仁《じん》という徳をおこなっています。人臣《じんしん》としては、敬《けい》という徳をまっとうしています。人の子としては、孝《こう》という徳をつくしています。人の父としては、子供に慈《じ》の徳を持って接しています。人々との交際では、信《しん》の徳を心掛けて接しています。

○具体的な至善《しぜん》

この大雅文王篇《たいがぶんおうへん》は、周《しゅう》の成《せい》王の叔父であり後見人でもあった、周公旦《しゅうこうたん》が、成《せい》王を戒《いさ》め教えたことばです。穆穆《ぼくぼく》というのは、非常に深遠で内容が深く徳があること。緝熙《あきらか》の緝《しゅう》は継続してやまないことを意味し、熙《き》は少しも覆われない光明のことです。止《とど》まるところというのは当然、至善《しぜん》であり、敬《うやま》うというのは敬虔《けいけん》であるということです。

非常に深遠で内容が深く徳がある文王《ぶん》は、継続してやまない、そして少しも覆われない光明で輝きわたり、至善《しぜん》という君子《くんし》が止《とど》まるべき理想的な立場に、敬虔《けいけん》に止《とど》まり続けています。

至善《しぜん》の具体的なあらわれとして、仁《じん》、敬《けい》、孝《こう》、慈《じ》、信《しん》があります。

人君《じんくん》としては、民衆に対し仁愛《じんあい》という徳を心掛けて仁政《じんせい》をおこなっています。仁愛《じんあい》とはつまり、慈愛《じあい》、恵《めぐ》み慈《いつく》しむことです。

人臣《じんしん》、人のけらいとしては、敬慎《けいしん》という徳をもって、その主人に忠義に仕《つか》え謹直《きんちょく》、つまり慎《つつし》み深く正直にきまじめに、その職務をまっとうしています。敬慎《けいしん》とは、自分を慎《つつし》んで相手をおろそかにしないことです。

人の子としては、孝《こう》という徳を心掛けて、親に仕《つか》え、このうえもなく孝行にはげんでいます。孝《こう》とは子が親を敬《うやま》い親につくすことです。

人の父としては、子供に慈愛《じあい》の徳を持って接し、一家を教え養っています。慈愛《じあい》とは、愛情を持ってかわいがり大切にすることです。

人々との交際では、信義の徳を心掛けて接していますので、少しも真実を欠くことがありません。信義とは約束を守り務めを果たすことです。

このようにして文王《ぶん》は、自分がそれぞれ相手にどういう立場に止《とど》まって接すればよいのかということをわきまえて、至善《しぜん》を具体的に実践していたのです。

だからわたしたちは文王《ぶん》を見習い、至善《しぜん》の具体的なあらわれとして、仁《じん》、敬《けい》、孝《こう》、慈《じ》、信《しん》を実践しなければいけません。

※敬《つつし》むは、敬《うやま》い慎《つつし》むこと。
※仁《じん》は、恵《めぐ》み慈《いつく》しむこと。
※敬《けい》は、自分を慎《つつし》んで相手をおろそかにしないこと。
※孝《こう》は、子が親を敬《うやま》い親につくすこと。
※慈《じ》は、愛情を持ってかわいがり大切にすること。
※信《しん》は、約束を守り務めを果たすこと。
※敬慎《けいしん》は、自分を慎《つつし》んで相手をおろそかにしないこと。
※謹直《きんちょく》は、慎《つつし》み深く正直できまじめなこと。
※慈愛《じあい》は、愛情を持ってかわいがり大切にすること。
※信義《しんぎ》は、約束を守り務めを果たすこと。

子、訟《うったえ》を例に大本《おおもと》を教える

子曰《しいわ》く訟《うったえ》を聴《き》くは、吾《わ》れも猶《な》お人のごときなり。必ずや訟《うったえ》なからしめんかと。情《まこと》なき者にはその辞《ことば》を尽《つ》くすを得《え》ざらしめる。大いに民《たみ》の志《こころ》を畏《おそ》れしむ。此《これ》を本《もと》を知ると謂《い》うなり。

○大本《おおもと》を知る

孔子はいいました。

裁判になって、それを裁《さば》いていくだけなら、わたしも他の人と違いはありません。仮に訟《うった》えごとを聴いて、それに対し適切ですばらしい判決を下すことができたとしても、そのこと自体は重《おも》んずべきことではないのです。

それよりも、民衆が誠意をもって法を守り礼に従うようになって、そもそも、ものごとを裁判で解決するようなことを根絶させることに努力したいのです。

そのためには、訟《うった》えごとを裁《さば》く立場の者が、誠意を持って自《みずか》らを正して臨《のぞ》むことです。そうすれば不誠実な者たちも、裁判で巧妙にうそを述べることができなくなります。そうなれば民衆はおおいにひきしまり、軽々しく訟《うった》えをおこす者がなくなるでしょう。

このように上に立つものがまず誠意をもって自《みずか》らを正せば、民衆もそれに習って、自分の思いを誠実にするのです。

このことは訟《うった》えごとについてばかりではなく、家、国、天下、いずれの場合でも同様です。

このような聖人のやり方を知ること、こういうことを大本《おおもと》を知るというのです。

※大本《おおもと》は、物事の根本のこと。

※情《まこと》は、実《まこと》と同じ。文中の「情《まこと》なき」とは、うそ偽りのこと。

身を修《おさ》むるはその心を正すにあり

謂わゆる身を修《おさ》むるはその心を正すに在《あ》りとは心に忿《ふん》ちするところ有《あ》るときは、則《すなわ》ちその正《せい》を得《え》ず。恐懼《きょうく》するところ有《あ》るときは、則《すなわ》ちその正《せい》を得《え》ず。好楽《こうらく》するところ有《あ》るときは、則《すなわ》ちその正《せい》を得《え》ず。憂患《ゆうかん》するところ有《あ》るときは、則《すなわ》ちその正《せい》を得《え》ず。心焉《こころここ》に在《あ》らざれば、視《み》れども見えず、聴《き》けども聞こえず、食《く》らえどもその味を知らず。此《こ》れを身を修《おさ》むるはその心を正すに在《あ》りと謂《い》う。

身を修めるためには、まずその心を正すことです。

もし心に、怒《いか》りや、なにかを恐れる気持ちがあると、心は正しく作用しなくなります。好きなことに気を取られたり、心配事を抱えているときも同じように正しく作用しなくなります。

心が平正に保たれていないと、何かを視《み》ていても、実際には見えない。何かを聴《き》いても、実際には聞こえない。何かを食べても、味がわからない。このような状態に陥《おちい》ります。だから、自分の身をよく修めるためには、まず自分の心を平正に保たなければいけないのです。

○心《こころ》焉《ここ》に在《あ》らざれば

忿《ふん》ちは怒《いか》るという意味、恐懼《きょうく》は恐れかしこまる、好楽《こうらく》は好きなこと、愛すること、楽しいことなどという意味、憂患《ゆうかん》は憂《うれ》い患《わずら》うこと。また、ここでいう身というのは心を含み心身一体のものです。

もし心に、怒《いか》りや、なにかを恐れかしこまる気持ち、憂《うれ》い患《わずら》わなければいけないような心配ごとを抱えているような場合、それに、好きなこと、愛すること、楽しいことなどをすることに気を取られていたりすると、心の正しい作用が失われてしまいます。

心が動揺し本来の正しい状態を失って平正さをなくすれば、心は本来の正しい働きを止めてしまいます。そうなると自分自身を正しく修《おさ》めることができず、その行動は乱れます。

しかし、人はこのような感情からのがれることはできません。楽しいことがあればうきうきしますし、感情が爆発すれば、やはり平正さを失います。

心すべきことは、限度を過ぎないということです。そこで、ことにあたっては自分の感情をよく操作し、よく調整し、心が平正を取り戻すように努めることがたいせつなのです。心が平正に保たれていないと、何かを視《み》ているつもりでも、実際には見えていない。何かを聴《き》いているつもりでも、実際には聞こえていない。何かを食べていても、味わうところへ意識がいかないので、味がわからない。このような状態になってしまいます。

こういうことから、自分の身をよく修めるには、まず自分の心を平正に保つことが大切だというのです。

※心が動揺して正しい状態を失しているときに、身が修まるわけはありません。
※好楽《こうらく》とは、好みということ。好楽《こうらく》によって僻《へき》すというのは、「あばたにえくぼ」や「坊主にくけりゃ袈裟まで」といった具合に、好き嫌いによって正しい判断から遠ざかってしまうことをいいます。

家を斉《ととの》うるはその身を修むるに在《あ》り

謂《い》わゆるその家を斉《ととの》うるはその身を修《おさ》むるに在《あ》りとは、人はその親愛《しんあい》する所に之《おい》て辟《かたよ》り、その賤悪《せんお》する所に之《おい》て辟《かたよ》り、その畏敬《いけい》する所に之《おい》て辟《かたよ》り、その哀矜《あいきょう》する所に之《おい》て辟《かたよ》り、その傲惰《ごうだ》する所に之《おい》て辟《かたよ》る。

家を斉《ととの》えるためには、まずわが身をよく修《おさ》めなければいけないということはどういうことか。

人は親愛の情をいだく人に対して、賤《さげす》んだり憎《にく》んだりする人に対して、目上の人に対して、困って苦しんでいる人に対して、目下の者たちに対して、どうしても好悪の感情に影響され、冷静な判断ができず、どちらかに偏《かたよ》った態度をとってしまいやすいのです。

○その時々の感情にまかせて偏《かたよ》る。

わが身が修《おさ》まらなければ家が斉《ととの》わないということは、自分という存在が一家の要《かなめ》だからです。家庭が斉《ととの》うのは、自分の好き嫌いが辟《へき》、つまり偏《かたよ》らず、中正《ちゅうせい》を保つからです。中正《ちゅうせい》とは立場が偏《かたよ》らず正しく保たれていることです。ところが人は、その時々の感情にまかせて辟《へき》、つまり偏《かたよ》ってしまうのです。

○親愛《しんあい》によって偏《かたよ》る。

父母や妻子などの血族《けつぞく》や、自分が好意をもっている人に対しては、むしろきちんと物事の正しい筋道をもって愛情を自制していかなければならないのに、どうしても過度の愛情に溺《おぼ》れがちになってしまう。

○賎悪《せんお》によって偏《かたよ》る。
下賎《げせん》な者として賤《さげす》んだり、憎《にく》しんだりする者に対しては、程度を超えて露骨《ろこつ》に嫌う。

○畏敬《いけい》によって偏《かたよ》る。畏敬とはかしこまりうやまうこと。
目上の人を畏敬《いけい》するあまり、必要以上に遠慮したりへつらったりする。そうかと思えば反対に、うるさく感じなんとなく距離をおいたり敬遠したりする。

○哀矜《あいきょう》によって偏《かたよ》る。哀矜《あいきょう》は哀《あわ》れむこと。
困って苦しんでいる人は、もちろん哀《あわ》れまなければなりませんが、気の毒だと思う気持が過ぎてあまやかし、後先のことを考えずに一時しのぎの無責任なことをしやすい。

○傲惰《ごうだ》によって偏《かたよ》る。傲惰《ごうだ》は驕《おご》り怠《おこた》ること。
目下の者たちや、あまり尊敬を払わなくてもいい人などに対しては、むやみと見下したり、なおざりの態度をとりやすい。

※家を斉《ととの》えようとするものは、まずその身を修めなければいけません。
※中正《ちゅうせい》とは立場が偏《かたよ》らず正しく保たれていること。

※偏《かたよ》りやすい関係
親愛《しんあい》→父母や妻子。
賤悪《せんお》→奴婢《ぬひ》、現代では使用人や従業員など。
畏敬《いけい》→年配者や尊長《そんちょう》。
哀矜《あいきょう》→寡婦《かふ》や孤児《こじ》。
傲惰《ごうだ》→若い人たちや後輩などあまり尊敬の態度を表さなくても良いような人。

好みてもその悪を知り、悪《にく》みてもその美を知る
故《ゆえ》に好《この》みてもその悪《あく》を知り、悪《にく》みてもその美《び》を知る者は
天下に鮮《すくな》し。

こういうわけで、好きな相手に対してもその欠点を認め、嫌いな相手に対してもその長所を認めることのできるような人は、世間には少ないのです。

相手の長所や欠点をしっかり見て、
フムフム
・・・好きな相手に対しても嫌いな相手に対しても
公正な判断ができるようにしよう！

○偏《かたよ》れば見えなくなる

自分がかわいがったり、愛したりしている者に対しては、その欠点が見えにくいので注意しなければなりませんし、自分が賤《さげす》んだり、憎《にく》んだりする者であっても、その長所をしっかり見つけ認めてあげなければいけません。

自分の身を良く修めて、好きな相手に対してもその欠点を見出し、嫌いな相手に対してもその長所を見つけ認めてあげることのできるような、公正な判断ができるようにしていかなければいけません。

人身は自然に僻《へき》するもの

故《ゆえ》に諺《ことわざ》にこれ有《あ》り、曰《いわ》く人はその子の悪《みにく》きを知ることなく、その苗《なえ》の碩《おお》いなるを知ることなしと。此《こ》れを身修《みおさ》まらざればその家を斉《ととの》うべからずと謂《い》う

そこでことわざにもそんな意味のものがあって、親はわが子を愛するあまり、わが子の欠点を知ることがなく、自分の畑に植えた苗の優れていることも知ることがないというのです。

こういうことだから自分自身が修《おさ》まらなければ、その家は斉《ととの》わないというのです。

○身を修《おさ》めるとは中正を保つこと

親はわが子を愛するあまり、わが子の欠点や、行いや態度の悪さなどに気づく人は少ない。それはすでにわが子を愛するあまり、自分の心が偏《かたよ》ってしまっているからです。

また、人間というものは、自分の畑に植えた苗は、いつもまじかにありすぎるので、その悪いところばかりが目について、まだ足りないまだ足りないと思って、自分の苗の優れていることに気づかない。しかし、よその家の苗は、少し離れているので欠点が見えにくく、その良いところばかりが目についてしまい、ついその苗をうらやんでしまうのです。

このように、愛情が深過ぎると相手の欠点が見えなくなり、相手に対する欲が深過ぎると、その良いところが見えなくなるのです。これを僻《へき》す、つまり偏《かたよ》るというのです。

このように一家の要《かなめ》である自分が偏《かたよ》り、立場を中正《ちゅうせい》に保つことができなければ、一家は斉《ととの》わないのです。

※人間にはその心が偏《かたよ》るというくせがありますが、これが身の修まらない原因の一つです。
これはまた、家が斉《ととの》わない原因でもあります。
※愛情が深過ぎると相手の欠点が見えなくなる。
※相手に対する欲が深過ぎると、相手の良いところが見えなくなる。

君子《くんし》は家を出でずして、教えを国に成《な》す。謂《い》わゆる国を治《おさ》むるには必ず先《ま》ずその家を斉《ととの》うとは、その家に教《おし》うべからずして能《よ》く人を教《おし》うる者はこれ無し。故《ゆえ》に君子《くんし》は家を出《い》でずして、教えを国に成《な》す。孝とは君《きみ》に事《つか》うる所以《ゆえん》なり。弟《てい》とは長《ちょう》に事《つか》うる所以《ゆえん》なり。慈《じ》は衆《しゅう》を使う所以《ゆえん》なり。

なぜ国を治《おさ》めるために、まず自分の家を斉《ととの》えなければいけないかというと、家族を教え導いていく力もない者に、民衆を教え導いていくことなどできるわけがないからです。反対によく家を斉《おさ》めている者は、直接民衆に接しなくても国を教化《きょうか》することができます。
その親に対する孝行はそのまま、民衆が主君に仕えるための忠《ちゅう》という模範であり、兄弟へ従順につくす行為は、民衆がそのまま年長者に仕えるための順《じゅん》という模範です。また、子供へ注ぐ慈愛《じあい》の気持は、そのまま恵《けい》という民衆を統治《とうち》するための基本的な立場だからです。

○国を治《おさ》めるために家を斉《ととの》える

家は一国を構成する基《もとい》、つまり基本になる単位です。だから、まず家族をよく教育し、国の構成要素であり、国の小型版ともいえる家を斉《ととの》えることができなければ国を治《おさ》めることはできません。

その身が修《おさ》まっていない者に家族を教え導いていく力はありません。身の修《おさ》まっていない者の家は、多かれ少なかれ必ず問題をかかえており、家の中は乱れているものです。家族を教え導いてこのような問題を解決する力もない者に、その国の民衆を教え導いて国を治《おさ》めていくことなどできようはずもないのです。

権力で押さえつけて支配しようとするだけでは、人はいうことを聞いているように見せても、本当のところは、決して聞いているわけではないのです。

家を斉《ととの》えていくための道理《どうり》、つまりそうあるべき筋道も、国を治《おさ》めていく道理《どうり》も同じことです。だから、国を治《おさ》めようとするならば、自分の身をよく修《おさ》め、家族との関係を改善し、家を斉《ととの》えること。つまり親子や夫婦の間を親しく、仲良く維持することがたいせつなのです。

○家を出ずして教えを国になす

王が直接民衆に接しなくても、国を教化《きょうか》することができるというのは、王の家がよく斉《ととの》っていれば、王家でのおこないが、その国の民衆の模範になり、民衆もよい影響を受けてそれに倣《なら》うので、国はひとりでに治《おさ》まっていくということです。

○孝《こう》、悌《てい》、慈《じ》

君主が親に対して行う親孝行は、君臣の関係でもそのまま、民衆が主君に仕えるための忠《ちゅう》という模範になります。

兄弟へ従順につくす悌《てい》という行為は、民衆がそのまま年長者に仕えるための順《じゅん》という模範です。

また王が子供へ注ぐ慈愛《じあい》の気持は、そのまま恵《けい》という民衆を統治《とうち》するための基本的な立場になっています。

だから国家においても家庭においてもその根本は同じなのです。

※道理《どうり》は、そうあるべき筋道のこと。
※忠《ちゅう》は、君主に対して臣下としての本分をつくすこと。
※順《じゅん》は、逆らわず素直に従うこと。
※恵《けい》は、意《こころばせ》をつくすこと。

中《あた》らずと雖《いえど》も遠からず

康誥《こうこう》に曰《いわ》く赤子《せきし》を保《やす》んずるが如《ごと》しと。心誠《こころまこと》にこれを求むれば、中《あた》らずと雖《いえど》も遠からず。未《いま》だ子を養うことを学びて后《のち》に嫁《と》つぐ者は有《あ》らざるなり。

書経《しょきょう》 康誥篇《こうこうへん》に、民衆を治《おさ》めるには、赤子を育てるようにしなさいとあります。心から民衆をいつくしみ愛する気持を求めれば、大きな見当ちがいをせずにすむものです。子供の育てかたをしっかりと勉強してから、結婚する人はいないのです。

○赤ちゃんを育てるように

ここは、武《ぶ》王の子供である成《せい》王の後見人だった周公旦《しゅうこうたん》が、殷《いん》の残党を含んだ内乱を平定した後、弟の庚叔《こうしゅく》に、殷《いん》民の統治《とうち》を命じたのですが、そのときに、その心がまえとしていったことばです。

「民衆を治《おさ》めるには、母親が自分の赤ちゃんを育てるようにしなさい。そうすれば民衆は安寧《あんねい》に治まるであろう」と。

生まれたばかりの赤ちゃんは、どうして欲しいということができませんから、ただ泣くばかりです。赤ちゃんが泣いていても、オムツがぬれているのか、おっぱいが欲しいのか、病気で具合が悪いのか、なかなかわかりません。しかし母親は、子供のことを心底思って接しますから、赤ちゃんの欲求をすべてはっきりわかるというわけではありませんが、だいたい大きな見当違いをせずに赤ちゃんの要求を理解するものです。

同じように、心から民衆に慈愛《じあい》をもって、誠実に政治をおこなえば、大きな見当ちがいをせずにすみ、国を失するような失敗はないものです。

子供の育てかたをしっかりと勉強して、よくわかってから、結婚する人はいないのに子供がそれなりに育っていくのは、母親が愛情を持って、なんとかこの子を立派に育てたいと誠心誠意、一生懸命に努力するからなのです。

民衆を治《おさ》める方法も、このように母親が赤ちゃんを一心に思って育てるように、誠心誠意、一生懸命に努力することです。

※慈愛《じあい》は、いつくしみ愛する気持のこと。

慈愛の気持ちを持って
相手をわかろうとすることが
大切です。

一人国を定む

一家仁《じん》なれば一国仁《いっこくじん》に興《おこ》り、一家譲《じょう》なれば一国譲《いっこくじょう》に興《おこ》り、一人《いちにん》貪戻《たんれい》なれば一国乱《いっこくらん》を作《な》す。その機此《きか》くの如《ごと》し。此《これ》を、一言事《いちげんこと》を敗《やぶ》り、一人《いちにん》国を定《さだ》むと謂《い》う。

王の家庭に仁《じん》が行われていれば、国中が王を見習って仁《じん》を実践し、王の家庭に譲《じょう》が行われれば、国中が譲《じょう》を見習い実践します。しかし反対に、王が貪欲であれば、また国中が王を見習って貪欲な行動をとるようになり、国中に争乱が起きることになります。国が治《おさ》まるのも乱れるのも、王のほんのちょっとした気持ちのもちようが、機《き》、きっかけになるのです。王のたった一言が大事をくつがえし、王たった一人の働きが国家を安定させるといわれるのは、こういうことです。

○一家仁《じん》なれば一国仁に興り、一家譲《じょう》なれば一国譲に興る

王の家庭が仁愛《じんあい》の徳にあふれ、家族の関係が改善され、親子や夫婦が親しく仲良く維持されていれば、隣の人もまたその隣の人も、やがては国中が王を見習って仁愛《じんあい》の徳を実践します。仁愛《じんあい》とは、思いやること、恵みいつくしむことです。そうなれば一般民衆の家庭でも家族の関係は改善され、親子や夫婦が親しく仲良くするようになります。

王の家庭に謙譲《けんじょう》の徳があふれると、同じように影響を受けて国中が謙譲《けんじょう》の徳を見習い実践

します。謙譲《けんじょう》とはへりくだりゆずることとです。自分が名誉を得たければ、まず人を推薦して、自分は争わない。こういう態度がいわゆる譲《じょう》であり、礼譲《れいじょう》といわれるものです。

しかし反対に、このようにたった一人の王とはいえ、王の影響力は絶大なので、王が貪欲で、人の道に外れた行動をとれば、また国中が王を見習って貪欲で、人の道に外れた行動をとるようになりますので、国中に争乱が起きることになります。譲《じょう》の欠落です。争いはこの譲《じょう》という心の欠落から始まることが多いのです。

このように国が治《おさ》まるのも乱れるのも、ちょっとした気持ちのもちよう、これを「一心《いっしん》の微《び》」といいますが、この一心の微が機《き》っかけになるのです。機《き》というのは物事の発起《ほっき》点のことです。

たった一言が大事をくつがえし、たった一人の働きが国家を安定させるといわれるのは、こういうことです。

社会的地位が高い人の発言ほど、その一言の影響力は大きいのです。

※仁愛《じんあい》は、思いやること、恵みいつくしむこと。
※謙譲《けんじょう》はへりくだりゆずること。
※一心《いっしん》の微《び》は、ほんのちょっとした気持ちのもちようのこと。
※機《き》は、物事の発起点《ほっき》のことです。

仁をもって国を治《おさ》むる

堯《ぎょう》、舜《しゅん》は天下を率《ひき》いるに仁《じん》を以《もっ》てして、民《たみ》これに従い、桀《けつ》、紂《ちゅう》は天下を率《ひき》いるに暴《ぼう》を以《もっ》てして、民《たみ》これに従えり。その令《れい》する所、その好《この》む所に反して而ち民《すなわ》従わず。是《こ》の故《ゆえ》に君子《くんし》は諸《こ》れを己《おの》れに有《あ》らしめて、而る后《しかのち》に諸《こ》れを人に求め、諸《こ》れを己《おの》れに無《な》からしめて、而る后《しかのち》に諸《こ》れを人に非《そし》る。身に蔵《ぞう》する所、恕《じょ》ならずして、而《しか》も能《よ》く諸《こ》れを人に諭《さと》す者は未《いま》だこれ有《あ》らざるなり。故《ゆえ》に国を治《おさ》むるはその家を斉《ととの》うるに在《あ》るなり。

堯《ぎょう》や舜《しゅん》は、仁《じん》をもって天下を治《おさ》めたので、民衆もそれに従いました。桀《けつ》や紂《ちゅう》は、天下を統率《とうそつ》する方法として暴虐《ぼうぎゃく》を行なったので、民衆もそれに従いました。王の発する命令が王の本質と異なれば、そのような命令に民衆は従うことはありません。

だから君子《くんし》は、まずわが身に徳を積んでから、他人《ひと》にその徳を求め、まずわが身の不徳を無くしてから、他人の不徳を非難するのです。

自分の中に恕《じょ》、恕《じょ》という意味は包み込んで育てていくということで、そこから慈悲《じひ》とか思いやりという意味に使われていますが、このような思いやりの心を持ってもいないで、一方的に相手に相手を諭《さと》そうとしても、相手を諭《さと》しきることなどできるものではないのです。

だから、国を治めるにはまず家を斉《ととの》えなければいけないというのです。

○理想の聖王、尭舜《ぎょうしゅん》と、暴君、桀紂《けっちゅう》。

尭《ぎょう》、舜《しゅん》は中国上代の伝説の聖人で、自《みずか》ら仁愛《じんあい》の徳を修《おさ》め、その徳をもって天下を治《おさ》め、理想的な政治を行ったといわれています。

桀《けつ》は、夏《か》王朝最後の王で、暴君であったため、殷《いん》の湯《とう》王に滅ぼされました。紂《ちゅう》は、殷《いん》王朝最後の王で、酒色におぼれ政治をおろそかにしたため、周《しゅう》の武《ぶ》王によって滅ぼされました。

○上《かみ》行って下《しも》これに倣《なら》う

尭《ぎょう》、舜《しゅん》は自らの徳をもって天下を治めたので、民衆もこれに倣《なら》って仁《じん》を行おうと努めました。

桀《けつ》、紂《ちゅう》は暴虐《ぼうぎゃく》を行なって天下を統率《とうそつ》したので、民衆もそれに倣《なら》って暴虐《ぼうぎゃく》を行ったのです。

○令《れい》する所その好《この》む所に反して而《すなわ》ち民《たみ》従わず

桀《けつ》や紂《ちゅう》のようなでたらめな暴君《ぼうくん》であっても、王は暴虐《ぼうぎゃく》行為を行えと民衆に命令するわけではありません。いくら暴君《ぼうくん》の治《おさ》める国であっても、やはり国には法律がありますから、民衆に対しては善いことを奨励《しょうれい》し悪いことを禁じるのは当然のことです。

しかしこのような暴君《ぼうくん》が立派な命令を発しても、そのような命令に民衆は従うことはありません。なぜならばその命令が、暴虐《ぼうぎゃく》行為を好む王の本性とうらはらだからです。このように民衆は、するどく王の本性を読み取り、その王の好む本質的な暴虐《ぼうぎゃく》性に倣《なら》い従って行動するのです。

○恕《じょ》の道

だから君子《くんし》は、まずわが身に徳を積んでから、他人にその徳を求め、まずわが身の不徳を無くしてから、他人の不徳を非難しなければならないのです。自分自身の欠点をよく見つめて、自分にもこんな欠点があるのだからという気持で他人を思いやることをしないで、命令や強制だけで一方的に相手を諭《さと》そうとしても、うまく納得させることはできないのです。

※恕《じょ》の意味は包み込んで育てていくということで、そこから慈悲《じひ》とか思いやりという意味に使われています。

※自分のできないことを人に要求してもうまくいくわけはありません。

之《こ》の子《こ》于《こ》に帰《とつ》ぐ

詩に云《い》う　桃の夭夭《ようよう》たる、その葉《は》蓁蓁《しんしん》たり。之《こ》の子《こ》于《こ》に帰《とつ》ぐ。その家人《かじん》に宜《よろ》しと。その家人《かじん》に宜《よろ》しくして、而《しか》る后《のち》に国人《こくじん》を教《おし》うべきなり。

詩経《しきょう》周南桃夭篇《しゅうなんとうようへん》
わかわかしい桃の木、その葉は青々と茂る。その桃のように健《すこ》やかに美しいこの娘が嫁《とつ》いでいく、きっと嫁《とつ》ぎさきの家族とうまくやってくれるだろう。
君子《くんし》は家族を教化《きょうか》し家を斉《ととの》えることができてこそ、はじめて自国の領民を教化することができるのです。
このような家庭があったからこそ、昔は国も良く治まったのです。
※夭夭《ようよう》というのは、若々しく元気なこと。蓁蓁《しんしん》は、葉が美しく茂っていること。

而《しか》る后《のち》に国人《こくじん》を教《おし》うべきなり
詩に云《い》う 兄に宜《よろ》しく弟に宜《よろ》しと。兄に宜《よろ》しく弟に宜《よろ》しくして、而《しか》る后《のち》に国人《こくじん》を教《おし》うべきなり。
詩経小雅蓼蕭篇《しきょうしょうがりょうしょうへん》
兄と仲良く、弟と仲よく。兄や弟と仲良くできた上で、自国の領民を教化できるのです。

この詩は王が来朝《らいちょう》の諸侯をもてなしたときの詩です。

君子《くんし》たるものは、その家をよく斉《ととの》え、兄には、恭《きょう》という態度で、弟には友《ゆう》という態度で接することです。

これができてこそ、自国の領民を教化することができ、国が治まるのです。

※恭《きょう》とは敬《うやま》うこと、友《ゆう》とは親しくまじわること。

その儀《ぎ》たがわず、是《こ》の四国《しこく》を正すと

詩に云《い》う その儀《ぎ》たがわず、是《こ》の四国《しこく》を正すと。その父子兄弟《ふしきょうだい》たること法《のっと》るに足《た》りて、而《しか》る后《のち》に民《たみ》これに法《のっと》る。此《こ》れを国を治《おさ》むるはその家を斉《ととの》うるに在《あ》りと謂《い》うなり。

詩経曹風鳲鳩篇《しきょうそうふうしきゅうへん》

王の行動が模範とすべき水準にあり、えこひいきがないからこそ、四方の国々の民衆が正しく教化されるのです。

父としても子としても兄としても弟としても、そのあり方が、偏《かたよ》らずにきちんと王が守るべき基準に適合しているからこそ、民衆もそれを手本にするのです。

だから、自分の国を良く治めるためには、とりもなおさず自分の家を斉《ととの》えなければならないのです。

このように、王の家での身近な父子兄弟の関係が手本にするにふさわしい状態になって初めて、民衆はそれに法《のっと》って倣《なら》うのです。だから国を治《おさ》めるためには、まず王自身が一家を徳治しなければならないのです。

※国を治めようとする者は、何をおいてもまず家を斉《ととの》えなければならないのです。
※徳治《とくち》は、道徳や仁《じん》にもとづいて国を治めること。

治国、平天下と絜矩《けつく》の道

謂《い》わゆる天下を平《たい》らかにするは、その国を治《おさ》むるに在《あ》りとは、上《かみ》、老《ろう》を老《ろう》として而《すなわ》ち民孝《たみこう》に興《おこ》り、上《かみ》、長《ちょう》を長《ちょう》として而《すなわ》ち民悌《たみてい》に興《おこ》り、上《かみ》、孤《こ》を恤《あわれ》みて而《すなわ》ち民倍《たみそむ》かず。是《ここ》を以《もっ》て君子《くんし》には絜矩《けつく》の道あるなり。

天下を平安にするには、まずその国をよく治《おさ》めることだというのは、上の立場にいるものが、老人をたいせつにすれば、民衆に孝《こう》という徳がおこり、上の立場にいるものが、年長者を敬《うやま》えば、民衆に悌《てい》という徳がおこり、上の立場にいるものが、孤児を憐《あわ》れめば、民衆は慈《じ》という徳に背《そむ》くことはないということです。

このように君子には絜矩《けっく》の道があるのです。

○治国と平天下

◇上の立場にいるものが、敬老《けいろう》の精神をもって老人をたいせつにすれば、民衆はよく父母や老人につかえ大切にするようになります。

◇上の立場にいるものが、年長者を敬《うやま》い大切にすれば、民衆は年長者を敬《うやま》い従順になろうとします。

◇上の立場にいるものが、幼くして親を失った孤児たちを憐《あわ》れみ、その子たちを救済する政策をとれば、そのやさしい心は人心を動かしますから、民衆は上の立場にいるものに背を向け背《そむ》くようなことはありません。

このように、上の立場にいるものがおこなうことをそっくりそのまま民衆がまねることになるので、君主が孝《こう》、つまり親や老人をたいせつにすること。悌《てい》、つまり兄弟姉妹年長者をたいせつにすること。慈《じ》、つまり自分の子供や弱者を慈《いつく》しむこと。

この三つを実践《じっせん》すれば、民衆もそれに倣《なら》い互いにむつみあい結束《けっそく》することになります。そうなれば、したがって国はよく治《おさ》まるということになるのです。

斉家《せいか》、治国《ちこく》、平天下《へいてんか》に、狭い範囲、広い範囲という大きさの違いはあっても、結局上の立場の者の行動を下の立場の者が倣《なら》うということについては同じです。

上《かみ》これをおこなって、下《しも》これに倣《なら》う。これがもっともかんたんに国が治《おさ》まるかたちです。

○絜矩《けっく》の道は恕《じょ》の実践

絜矩《けっく》の絜《けつ》は、はかるということ、矩《く》はさしがね、定規のことです。そこから絜矩《けっく》の道というのは、さしがねを手にとってはかるように、一定の身近な規準で、ものごとの法《のっと》るべき基準を立てていくことをいいます。

つまり恕《じょ》という自分のまごころを規準として他人《ひと》を思いやることを意味しています。

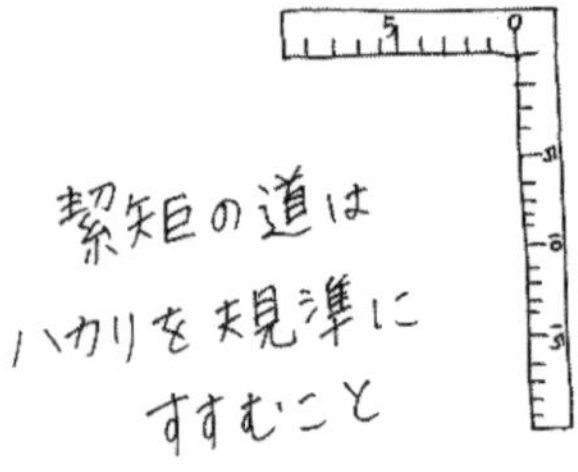

恕《じょ》の意味は包み込んで育てていくということです。そこから慈悲《じひ》とか思いやりという意味に使われています。

そこで君子《くんし》は自分自身のまごころ、つまり恕《じょ》をさしがねとしてすべての基準を推《お》しはかるという方法をとるのです。

大工があたかもさしがね一本で、長さを計り家を建てるように、自分自身のまごころをさしがねとして、それでいろいろなことを広く推《お》しはかることなのです。

※鰥《かん》は、妻のない人。

※寡《か》は、夫のない人。

※孤《こ》は、幼くして親のない子供。

※独《どく》は、年老いて頼るべき子供のない人。

※恕《じょ》は、包み込んで育てていくということで、そこから慈悲《じひ》とか思いやりという意味に使われる。

※絜矩《けっく》の道は、思いやりの道、思いやりの心のこと。自分自身のまごころをさしがねとして、それでいろいろなことを広く推《お》しはかること。

絜矩《けっく》の道の具体例

上《かみ》に悪《にく》むところ以《もっ》て下《しも》を使うこと毋《な》く、下《しも》に悪《にく》むところ以《もっ》て上《かみ》に事《つか》うること毋《な》かれ。前《まえ》に悪《にく》むところ以《もっ》て後《しりえ》に先だつこと毋《な》く、後《しりえ》に悪《にく》むところ以《もっ》て前《まえ》に従うこと毋《な》かれ。右に悪《にく》むところ以《もっ》て左に交わること毋《な》く、左に悪《にく》むところ以《もっ》て右に交わること毋《な》かれ。此《こ》れをこれ絜矩《けっく》の道と謂《い》う。

目上の人の言動を見ていやだと思うことは、目下の人におこなってはいけませんし、目下の人の言動でいやだと思うことは、そんなやり方で目上の人に仕《つか》えてはいけません。先輩の言動でよくないと思うことは、後輩にしてはいけませんし、後輩の言動でよくないと思うことは、そんな言動で先輩に接してはいけません。

友人たちなどとの交際でも、右にいる人の言動でいやだと思うことは、そんな行動で左の人と交わってはいけませんし、左にいる人の言動でいやだと思うことは、そんな行動をとって右の人と交わってはいけません。

これが天下を平らかにする根本の道であり、こういうことを絜矩《けっく》の道というのです。

○悪《にく》むところをもって他に接するなかれ

自分が人からされていやなことを人にすることはやめなければいけません。人の心はあい通じているからです。これは絜矩《けっく》の道を実践していくための一つの規準です。

民の好むところを好み、悪《にく》むところを悪《にく》む

詩に云《い》う楽只《らくし》の君子《くんし》は、民《たみ》の父母なりと。民《たみ》の好むところはこれを好み、民《たみ》の悪《にく》むところはこれを悪《にく》む。此《こ》れをこれ民《たみ》の父母と謂《い》う。

詩経小雅南山有台篇《しきょうしょうがなんざんゆうだいへん》

楽只《らくし》の君子《くんし》は、民衆の父母だとあります。民衆の好むことは自《みずか》らも好み、嫌《いや》がることは自《みずか》らもそれを嫌《きら》う。このような君子《くんし》を民の父母というのです。

○楽只《らくし》の君子《くんし》

この詩は、王の宴席で、絜矩《けっく》の道をおこなう君子《くんし》を称《たた》えたものです。

善徳を備えている人物は、どのような境遇にいても、どのような場面に遭遇しても、苦しんだり憂《うれ》いたりすることなく、いつも堂々としていますから、当然その心中は常に愉快で伸び伸びしています。楽只《らくし》の君子《くんし》というのは、このような人物のことです。

すばらしい徳をもち、いつも明るく、会うと思わず楽しい気持ちにさせるような人物。君子《くんし》がこのような人物であれば、あたかも民衆の父母のように、慈愛《じあい》をもって民衆に接するので、民衆の好むことは好み、嫌《いや》がることは自分もまたそれを嫌《きら》うのです。

親は子の喜びを喜び、子の苦しみを苦しみます。だからこのように、平素から自分のまごころをさしがねとして、民衆をわが子のように慈《いつく》しみ、その心を推《お》しはかり、絜矩《けっく》の道によって政治をおこなう君子《くんし》を民の父母とよぶわけです。

つまり、絜矩《けっく》の道の実践が、治国平天下への道なのです。

※絜矩《けっく》の道を実践した人のみが衆心を得ることができるのです。

※楽只《らくし》の君子《くんし》とは、善徳を備え、どのような境遇にいても、どのような場面に遭遇しても、苦しんだり憂《うれ》いたりすることなく、いつも堂々としてにこやかに、その心中も常に愉快で伸び伸びしているような人物のこと。

民倶《たみとも》に爾《なんじ》を瞻《み》る

詩に云《い》う、節《せつ》たる彼《か》の南山《なんざん》維《こ》れ石巌巌《いわがんがん》たり。赫赫《かくかく》たる師尹《しいん》よ、民倶《たみとも》に爾《なんじ》を瞻《み》ると。国を有《たも》つ者は以《もっ》て慎《つつし》まざるべからず。辟《かたよ》るときは則《すなわ》ち天下の戮《りく》と為《な》る。

詩経小雅南山篇《しきょうしょうがなんざんへん》

切り立ったあの南山《なんざん》、岩がごつごつしている。光り輝いている大師《たいし》の尹《いん》よ、民衆は見ているのだ。国を治《おさ》めるものは、常に慎《つつし》んでいなければならない。絜矩《けっく》の道《みち》によらず、偏《かたよ》れば、その身は天下の罪人となるだろう。

○国を有《たも》つ者は以《もっ》て慎《つつし》まざるべからず

周《しゅう》王朝十二代目の幽王《ゆう》は、周《しゅう》の時代の最高の官職である三公（太師《たいし》、大傅《たいふ》、大公《たいこう》）の一つである太師《たいし》に尹《いん》という小人《しょうじん》を登用しました。

この詩はこの尹《いん》を用いたため周《しゅう》王朝の没落を招《まね》いたことをそしるものです。

国を治《おさ》めるものは、周の都の南にそびえる南山のように、民衆にその一挙手一投足をすべて見られているのですから、慎重《しんちょう》でなければなりません。絜矩《けっく》の道によらず、その時々の都合のいい自分の判断で、偏《かたよ》ったことをしていれば、民衆の心は離《はな》れ、やがては天下の罪人として、その身は殺され、国は滅亡《めつぼう》し、大いなる辱《はずかし》めを受けることになってしまうのです。

○周《しゅう》王朝の没落

尹《いん》は、国政の要職に近親者ばかりを起用しました。このため王朝に内紛が生じ、その内紛に乗じて紀元前七七一年北方の犬戎《けんじゅう》が侵入し、幽《ゆう》王は殺され、宋周《そうしゅう》の都は陥落し、西周《せいしゅう》時代は終わりました。

太子の宜臼《ぎきゅう》は、東の成周《せいしゅう》の都にのがれ、翌年平《へい》王として即位し、それ以降東周《とうしゅう》時代となるのですが、もはや周《しゅう》王朝とは名ばかりの一小国となり、その後紀元前二五六年、秦《しん》によってほろぼされることになります。

この周《しゅう》王朝の没落の原因の一つが、尹《いん》の登用であったといわれています。

※本文の僻《へき》すというのは、民衆を平等に愛さない偏《かたよ》った思いやりのない行為をさしています。

天命《てんめい》は、衆心《しゅうしん》による

詩に云《い》う 殷《いん》の未《いま》だ師《もろもろ》を喪《うしな》わざるや克く上帝《じょうてい》に配《かな》う。儀《よろ》しく殷《いん》に監《かんが》みるべし、峻命《しゅんめい》は易《やす》からずと。衆《しゅう》を得《え》れば則《すなわ》ち国を得《え》、衆《しゅう》を失えば則《すなわ》ち国を失うを道《い》うなり。

詩経大雅文王篇《しきょうたいがぶんおうへん》

殷《いん》が、衆心《しゅうしん》を失っていなかったときは、国政《こくせい》は天の意思にかなっていました。だから殷《いん》を手本として自《みずか》らを戒《いまし》めなければいけません。峻命《しゅんめい》を得ることは容易なことではないのです。衆心《しゅうしん》を得ることができれば、国を保持《ほじ》していくことができます。反対に衆心《しゅうしん》を失えば、国を失ってしまうのです。

だから、君子《くんし》はまず自分の徳を慎《つつし》まなければいけないのです。

君主に徳があれば多くの賢人たちが、集まってきます。賢人《けんじん》たちが集まってくれば、領土は保持できます。領土が保持できればそこで、財政も豊かになります。財政が豊かになれば、財物《ざいぶつ》の流通も盛《さか》んになります。

たいせつなことは、徳が本《もと》で、財物は末《すえ》だということです。もし本《もと》である徳をなおざりにして末《すえ》である財政《ざいせい》に力を入れたりすれば、下《しも》である民衆はただちに上《かみ》である王に倣《なら》うので、上《かみ》と下《しも》、互いにあい争《あらそ》うことを教えることになってしまいます。

○衆心《しゅうしん》を失えば国を失う

この詩は、周《しゅう》の成《せい》王の叔父であり後見人でもあった、周公旦《しゅうこうたん》が、成《せい》王を戒《いさ》め教えたことばです。

殷《いん》王朝が、衆心《しゅうしん》、つまり多くの人の心を失っていなかったときは、国政《こくせい》は立派に天の意思にかなっておこなわれていました。しかしその後、暴君《ぼうくん》の紂《ちゅう》王が暴虐《ぼうぎゃく》によって衆心《しゅうしん》を失い、民衆から見放《みはな》された結果、天命《てんめい》は殷《いん》から去《さ》り、殷《いん》は滅《ほろ》びました。

そのかわりとして現在わが周《しゅう》王朝が天命を受けているのです。

だから周《しゅう》の子孫の王は、殷《いん》を手本として自《みずか》らを戒《いまし》めなければいけません。

天から峻命《しゅんめい》という大いなる命令を受け国を維持していくのは容易なことではないのです。

よく絜矩《けっく》の道《みち》を実践《じっせん》して、衆心《しゅうしん》を得ることができれば、天命《てんめい》を受け、国を保持《ほじ》していくことができます。


しかしその反対に、君子《くんし》が絜矩《けっく》の道《みち》を実践せず、衆心《しゅうしん》を失い民衆から見放《みはな》されてしまえば、天命《てんめい》は去《さ》り、国は滅《ほろ》びてしまうのです。

※峻命《しゅんめい》は、天命と同じ。
※衆心《しゅうしん》は、民意のこと。
※絜矩《けっく》の道によらずに、衆心《しゅうしん》を失えば、国を失い、天下を失うことを警告しています。

殷《いん》の盛衰

殷《いん》は、紀元前十七世紀～十一世紀にかけて黄

徳
君子の徳が充実すれば
自然とみんなの心が
あつまってきます!

河中流域を支配していた王朝です。殷《いん》の祖先は契《せつ》といい、夏《か》王朝の臣下でした。殷《いん》十四代目の成湯《せいとう》が、夏《か》王朝の暴君だった桀《けつ》をほろぼして王位につき、湯《とう》王となり、殷《いん》王朝をひらきました。この後、殷《いん》三十代目の紂《ちゅう》王が暴君であったため、国は乱れ、周《しゅう》の武《ぶ》王に滅ぼされたのです。

徳と財用

是《こ》の故《ゆえ》に君子《くんし》は先《ま》ず徳を慎《つつし》む。徳あれば此《ここ》に人あり。人あれば此《ここ》に土《ど》あり。土《ど》あれば此《ここ》に財《ざい》あり。財《ざい》あれば此《ここ》に用《よう》あり。徳は本《もと》なり財《ざい》は末《すえ》なり。本《もと》を外《うと》んじて末《すえ》に内《した》しめば、民《たみ》を争《あわそ》わしめて奪《うば》うことを施《おし》うるなり。

○徳は本《もと》なり財《ざい》は末《すえ》なり

だから、君子《くんし》はまず何よりも、自分の徳を充実させることに注意をはらわなければいけないのです。王の徳が充実すれば、おのずから王のもとに衆心《しゅうしん》が集まってきます。王のもとに衆心《しゅうしん》が集まるということは、多くの優秀な人材が、王を慕《した》い集まってくるということです。

これを「徳あればここに人あり」といいます。

優秀な人材がたくさん集まってくれば、自国の国土を治めることができます。

これを「人あればここに土《ど》あり」といいます。


国土が治《おさ》まれば財政も確立するようになります。

これを「土《ど》あればここに財《ざい》あり」といいます。


国の財政が確立されれば、いろいろな政策はきちんと実施され、財物《ざいぶつ》の流通《りゅうつう》も盛《さか》んになります。

これを「財《ざい》あればここに用《よう》あり」といいます。


たいせつなことは、徳が本《もと》で、財は末《すえ》、つまり結果だということです。

もしその国の王が、本《もと》である徳を修《おさ》めようとせずに、末《すえ》である財政《ざいせい》に力を入れ、民衆からよこしまにその財を吸い上げるようなことをすれば、下《しも》である民衆はただちに上《かみ》である王を見倣《なら》って、自《みずか》らもよこしまな蓄財に励むことになります。

お互いにこのようになれば、王自《みずか》らが、上《かみ》と下《しも》、お互いがあい争《あらそ》うことを教えることになってしまうのです。

財衆《あつ》まれば民《たみ》散じ、財散ずれば民衆《あつ》まる
是《こ》の故《ゆえ》に財衆《あつ》まれば則《すなわ》ち民散《たみさん》じ、財散《ざいさん》ずれば則《すなわ》ち民聚《たみあつ》まる。是《こ》の故《ゆえ》に言悖《げんもと》りて出ずれば、亦《ま》た悖《もと》りて入り、貨悖《かもと》りて入れば亦《ま》た悖《もと》りて出ず。

だから財を取り立てれば、民衆は離《はな》れていき、財を流通させれば、民衆は国に集まるのです。道理《どうり》に反することをいえば、相手からも道理《どうり》にはずれたことをいわれるように、道理《どうり》に反して手に入れた財物《ざいぶつ》は、また道理《どうり》に反して出てゆくものなのです。

○財に執着すれば失う
民衆にある程度を超えて税金や軍役《ぐんえき》を課せば、民衆の生活は窮乏《きゅうぼう》します。資金は国家に吸収され、ちまたに流通しませんので、国は不景気に陥《おちい》ります。そうすれば、衆心《しゅうしん》は王を離《はな》れ、民衆はやむなく国を捨て、ちりぢりに離《はな》れていってしまうことになります。

一般の会社などでも、上司が余りにもけちけちしていれば、部下はついていきません。しかしこの反対に、部下に損をさせることのないような、時には部下のために身銭を切るような上司には、みんな喜んでついていくものです。

○悖《もと》りて入れば亦《ま》た悖《もと》りて出ず

反対に、王が徳に努め、税金や軍役《ぐんえき》を軽くして資金を民衆のあいだに流通させれば、民衆は活力を得、衆心《しゅうしん》は王のもとに集り、民衆も国に集まるのです。

相手に道理に合わないことをいえば、売り言葉に買い言葉で、相手からもまた道理に合わない言葉で返されます。

だから王が、道理《どうり》に外れた命令を出せば、民衆もその道理《どうり》に外れた命令に逆らおうとします。

同じように、道理《どうり》に悖《もと》る行為で、無理やり手にした財産は、やはりまた何か道理《どうり》に悖《もと》るかたちで無理やりねじり取られてしまうものなのです。

※悖《もと》るは、道にたがうこと。
※本末《ほんまつ》を誤ればすべてを失うのです。
※財に執着すればかえって失うことになるのです。
※不正な行為をして蓄財しても、結局失うことになるのです。

善行を行えば天命を得《う》る

康誥《こうこう》に曰《いわ》く惟《こ》れ命《めい》は常《つね》に于《お》いてせずと。善《ぜん》なれば則《すなわ》ちこれを得《え》、不善《ふぜん》なれば則《すなわ》ちこれを失《うしな》うを道《い》うなり。

書経《しょきょう》 康誥篇《こうこうへん》

この詩は、武《ぶ》王の子供である成《せい》王の後見人だった周公旦《しゅうこうたん》が、殷《いん》の残党を含んだ内乱を平定した後、弟の康叔《こうしゅく》に、殷《いん》民の統治《とうち》を命じたそのときに、その心がまえとしていったことばです。

天命《てんめい》というものはいつまでも安定して与えられているものではない。君主が身を慎《つつし》んで徳を積み、絜矩《けっく》の道《みち》に従って善でなければ、天命《てんめい》は去り、国を失うことになるのです。

君主に善行を行う徳がなければ天命《てんめい》を失うのです。

※常《つね》に于《お》いてせずとは、いつも一人の人に与えられるとは限らないということ。

○春秋時代

紀元前七七一年北方の犬戎《けんじゅう》が侵入し、西周《せいしゅう》が没落した後、宜臼《ぎきゅう》は、東の成周《せいしゅう》の都にのがれ、翌年平《へい》王として即位し、それ以降、周《しゅう》王朝はもはや王朝とは名ばかりの一小国となりましたが、紀元前二五六年、秦《しん》によってほろぼされるまでは、東周《とうしゅう》として存在しました。この西周《せいしゅう》没落以降を春秋時代といいます。春秋時代に比較的大きな国として、晋（韓、魏、趙）、斉《せい》、秦《しん》、楚《そ》、燕《えん》、魯《ろ》、衛《えい》、曹《そう》、宋《そう》、陳《ちん》、蔡《さい》、鄭《てい》、呉《ご》、越《えつ》が存在しましたが、これから出てくる王孫圉《おおそんぎょ》、晋《しん》の定公《ていこう》、楚《そ》の観射父《かんしゃほ》、晋《しん》の文王《ぶんおう》、晋《しん》の献公《けんこう》、秦《しん》の穆公《ぼくこう》、魯《ろ》の孟献子《もうけんし》などすべてこの時代の人たちです。

惟《た》だ善をもって宝と為《な》す

楚書《そしょ》に曰《いわ》く楚国《そこく》には以《もっ》て宝と為《な》すものなし。惟《た》だ善《ぜん》を以《もっ》て宝と為《な》すと。

○善をもって宝となす

楚書《そしょ》という春秋時代の楚《そ》の国の記録に、楚《そ》の王孫圉《おおそんぎょ》が、晋《しん》の定公《ていこう》を訪問したとき、定公《ていこう》が、白《はっ》こうという楚《そ》の宝（白玉の装身具）について質問しました。

そのとき、王孫圉《おおそんぎょ》が、定公《ていこう》に、答えたことには、

「楚《そ》の国には確かにそういうものはありますが、わたくしたちはそのようなものは、とくに宝というべきではないと考えています。宝といえるものがあるとすれば、わが国の観射父《かんしゃほ》のような徳のある善人《ぜんにん》の善い行いでしょう」と。

徳は宝

舅犯《きゅうはん》曰く亡人《ぼうじん》には以《もっ》て宝と為《な》すものなし。親《しん》に仁《じん》なるを以《もっ》て宝と為《な》すと。

舅犯《きゅうはん》は、「亡命しているあなたにとっての宝は、位につくことではありません。父の喪に服すことこそが大切な宝なのです」といったといいます。

○親に仁なるをもって宝となす

この時代、晋《しん》の文王《ぶんおう》が、まだ重耳《ちょうじ》と呼ばれる王子だったときのこと。重耳《ちょうじ》は家庭争議のための内乱を避《さ》け十九年もの長い間亡命していました。

あるとき父の献公《けんこう》が亡くなりました。娘を重耳《ちょうじ》に嫁《とつ》がせていた、秦《しん》の穆公《ぼくこう》は、重耳《ちょうじ》に、この機に乗じて兵を挙《あ》げ晋《しん》に入って王になることをすすめた。

そのとき重耳《ちょうじ》の名臣であった舅犯《きゅうはん》は、

「内乱を避《さ》け亡命しているあなたにとって何より必要なことは、この機に乗じて国へ戻り位につくことではなく、父の喪に服すという仁徳であり、これこそがあなたにとってのたいせつな宝です」といいました。

親の喪に服《ふく》すべきときに、親に対する思慕《しぼ》の情をつくさずに、兵をおこして国を争奪《そうだつ》しようとすることは人の道ではなく、たとえ国を得《え》たとしても、それは宝といえるものではないのです。

※舅犯《きゅうはん》は、春秋時代の晋《しん》の文公《ぶんこう》の舅《しゅうと》。文王《ぶんおう》が亡命していた時、文王《ぶんおう》を補佐指導していた人物。

有徳賢者の人材登用

秦誓《しんぜい》に曰く「若《も》し一个《いっか》の臣ありて、断断兮《だんだんけい》として他の技なきも、その心《こころ》休休焉《きゅうきゅうや》としてそれ如《よ》く容《い》るるあり。人の技あるは己《わ》れこれを有《ゆう》するが若く、人の彦聖《げんせい》なるはその心これを好む。啻《ただ》にその口より出づるが若《ごと》くするのみならず、寔《まこと》に能《よ》くこれを容《い》れる。以《もっ》て能《よ》く我が子孫を保《やす》んずれば、黎民《れいみん》も亦《ま》た尚《なお》利あらんかな。

書経《しょきょう》　秦誓《しんぜい》

ここに一人の臣下《しんか》があるとしよう。

◇誠実一筋で、他にはなんのとりえもないのだが、その心はゆったりと寛容で他人《ひと》をよく受け容《い》れる。（寛容の人）

◇だれかに特技があれば、嫉妬《しっと》もせずにまるで自分がその技術をもっているように喜ぶ。また聡明《そうめい》で優秀な人物がいると、心からその人物を尊敬し好きになる。ただ口先だけでほめるのではなく、ほんとうに心からその人物をよく受け容《い》れる。（人材登用に優れた人）

このような臣下《しんか》がいれば、わが子孫による統治《とうち》を末永く安泰《あんたい》にできるばかりか、その人たちの感化によって一般の民衆たちも多くの利益を受けることになるでしょう。

不徳者の登用の害

人の技あるは媢疾《ぼうしつ》してこれを悪《にく》み、人の彦聖《げんせい》なるは而《すなわ》ちこれに違《たが》いて通《つう》ぜざらしむ。寔《まこと》に容《い》るる能《あた》わず。以《もっ》て我が子孫、黎民《れいみん》を保《やす》んずる能《あた》わざれば亦《ま》た曰《ここ》に殆《あや》うからんかな」と。

ところがこれに反し、

○だれかに特技があると知ると、それをねたみうとんじて嫉妬《しっと》し、その特技を誹謗《ひぼう》する。

○聡明《そうめい》で優秀な人物がいると、それを嫌《きら》って遠ざける。そしてその才能が君主に知られないように画策する。

君子《くんし》が誤《あやま》ってこのような臣下《しんか》を用《もち》い、真実優れた人物を受け容《い》れることができないとすれば、わが子孫による統治《とうち》を末永く安泰《あんたい》にすることができないばかりか、一般の民衆たちまで危険に陥《おちい》らせることになるでしょう。

※秦誓《しんぜい》は、秦《しん》の穆公《ぼくこう》が、鄭《てい》の攻略に失敗したときに、軍士《ぐんし》たちに告《つ》げたことばです。
※聡明《そうめい》の聡《そう》は一般の人に聞こえないものが聞こえること、明《めい》は一般の人に見えないものが見えること。
※誹謗《ひぼう》とは悪口をいうこと。

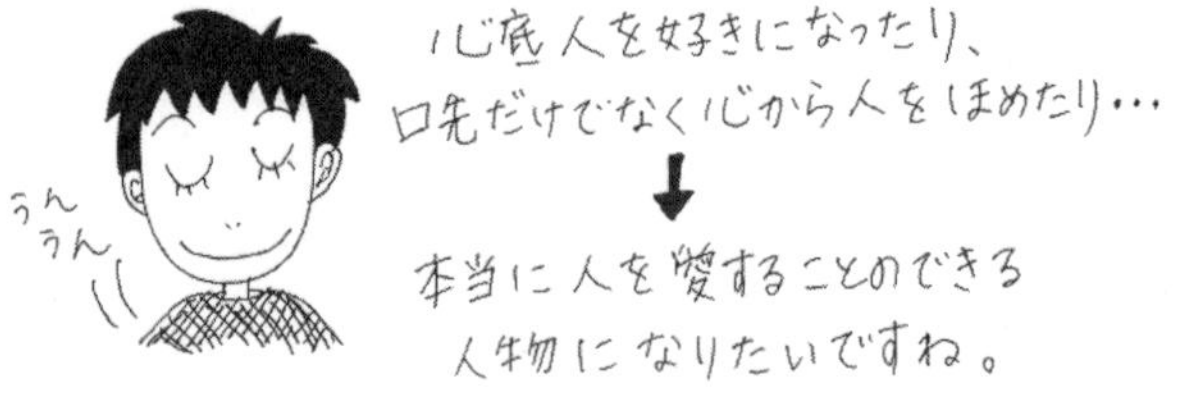
心底人を好きになったり、
口先だけでなく心から人をほめたり…
本当に人を愛することのできる
人物になりたいですね。
うんうん

仁人《じんじん》は、これを放流す

唯《た》だ仁人《じんじん》のみこれを放流し、諸《こ》れを四夷《しい》に迸《しりぞ》けて与《とも》に中国を同じくせず。此《こ》れを「唯《た》だ仁人《じんじん》のみ能《よ》く人を愛し能《よ》く人を悪《にく》むと為《な》す」と謂《い》うなり。

ただ本当に立派な仁人《じんじん》だけが、公正無私だから、こうした才徳《さいとく》の臣《しん》を妨《さまた》げるようなおろかな人物を見つけ出し、その罪を糾弾《きゅうだん》し、国外の土地に追放して、善良な人たちと一緒に住めないようにすることができるのです。

だから、ただ仁人《じんじん》こそが、ほんとうに人を愛することができ、またほんとうに人を憎《にく》むこともできるというのです。

※賢人《けんじん》の行いは一見残酷なようですが、それが公正なやり方なのです。

賢を見て挙《あ》ぐる

賢《けん》を見るも挙《あ》ぐる能《あた》わず、挙《あ》ぐるも先にする能《あた》わざるは慢《おこた》るなり。不善を見るも退《しりぞ》くる能《あた》わず、退《しりぞ》くるも遠《とお》ざくる能《あた》わざるは過《あやま》ちなり。人の悪《にく》む所を好み、人の好む所を悪《にく》む、是《こ》れを人の性に払《もと》ると謂《い》う。災《わざわ》い必ず夫《そ》の身に逮《およ》ぶ。是《こ》の故に君子《くんし》に大道《たいどう》あり。必ず忠信《ちゅうしんもっ》以てこ

れを得《え》、驕泰《きょうたい》以《もっ》てこれを失う。

優れた人物ということがわかっていながらそれを用《もち》いることをせず、用《もち》いたとしても、自《みずか》ら率先して、まっさきに重く用《もち》いることができないのは怠慢《たいまん》です。たとえばその時に自分も登用される候補に上がっていても、自分のことはさておいて、この優れた人物を推薦しなければいけないのです。それができないならばそれはやはり怠慢といわざるをえないのです。

またよくない人物だということがわかっていながら、その人物を重要な役職から退《しりぞ》けることができず、退《しりぞ》けたとしても、完全に遠ざけてその関係を絶《た》ちきることができないというのは、やはりその人の過《あやま》ちです。

他人の好まないことを自分は好み、他人の好むことを自分は好まない。こういう人は一般の人間の本性に背《そむ》く人たちです。このような人間としての本性に逆らう感性を持ち行動する人たちであれば、このような人たちが一般社会の中でうまく生活していけるわけがないのです。このような人たちの身の上には必ず災難《さいなん》がふりかかるはずです。

だからこそ君子《くんし》たるものは、このような弊害《へいがい》に陥《おちい》らないために、守るべき大道に従っているのです。

それは、忠信《ちゅうしん》の徳を守れば必ず成果が得《え》られ、驕《おご》り慢心《まんしん》して慎《つつし》まず、自分自身の良心をくもらせれば、すべてを失うということです。

※忠信《ちゅうしん》とは、真心を持って物事に誤りのないようにすること。

※賢者、善人は、人の悪《にく》むところを悪《にく》み、好むところを好む。つまり、善人と不善人の差は、その人物が人の本性に従って他人と好悪を同じくするかどうかにあります。だから絜矩《けっく》の道によって常に自分をチェックしていなければいけないのです。

財を生ずる大道

財を生ずるに大道《たいどう》あり。これを生ずる者衆《ものおお》く、これを食らう者寡《すく》なく、これを為《つく》る者疾《と》く、これを用《もち》うる者、舒《ゆるや》かなれば、則《すなわ》ち財は恒《つね》に足る。仁者《じんしゃ》は財を以《もっ》て身を発《はっ》し、不仁者《ふじんしゃ》は身を以《もっ》て財を発《はっ》す。未《いま》だ上《かみ》、仁《じん》を好みて下《しも》、義を好まざる者は有《あ》らざるなり。未《いま》だ義を好みて其《そ》の事《こと》の終えざる者は有《あ》らざるなり。未《いま》だ府庫《ふこ》の財に非《あら》ざる者は有《あ》らざるなり。

財を生ませるためにも、よるべき大道《たいどう》があります。生産に従事する人を多く、消費を少なく、作ることによく励《はげ》ませるようにし、消費を抑《おさ》える。そうすれば、財政は豊《ゆた》かになります。

仁者は財《ざい》を用いて安泰となり、不仁者は財《ざい》を集めようとして身を亡《ほろ》ぼすのです。

そもそも上《かみ》が、仁《じん》を好んで行《おこ》なうのに、下《しも》が道義《どうぎ》を好まないなどということはないのです。道義《どうぎ》に従っていて、やろうとすることがうまくいかないなどということはありません。そしてこういう状況であれば、知らず知らずのうちに倉の財物がなくなってしまうなどということはないのです。

○仁者は財をもって身を発《おこ》す

国の経済を盛《さか》んにして財政《ざいせい》を豊《ゆた》かにするためにも、手本となるべき大道《たいどう》があります。

食物の生産面から見れば、穀物《こくもつ》の生産に従事する人を多くし、ただ働かず穀物《こくもつ》を消費するだけの非生産者《ひせいさんしゃ》を少なくする。

工業面から見れば、物品《ぶっぴん》を作ることに、よく努《つと》め励《はげ》ませるようにすること。そして物品《ぶっぴん》の消費を緩慢《かんまん》に抑《おさ》えることです。つまり、つねに生産と消費のつりあいを考えること。そうすれば、国の財政《ざいせい》はいつも充分に豊《ゆた》かになります。君主がこの大原則を遵守《じゅんしゅ》してさえい

仁徳を備えて
自分を高めることを1番に考えて
がんばるゾ
利益はあつまってきます！

れば、こまかい経済政策にこだわる必要はありません。
仁徳《じんとく》を備《そな》えた君主は、財《ざい》を自分だけのものにしないで民衆に施《ほどこ》し与《あた》えることを一番にします。だからお金は流通し、民衆が栄えるばかりではなく、衆心《しゅうしん》は君主に集まるので天命《てんめい》が維持《いじ》され国が栄えることになります。

反対に、税金《ぜいきん》や財物《ざいぶつ》を貪欲《どんよく》にとりたてて、わが身の富《とみ》だけを増《ふ》やそうとするような君子《くんし》の国は、お金は流通《りゅうつう》せず、民衆は疲弊《ひへい》し、経済的に窮乏《きゅうぼう》しますから、衆心《しゅうしん》は離《はな》れ、天命は去《さ》り、国は衰《おとろ》え、そして亡《ほろ》びることになるのです。

そもそも上に立つ君主が、仁《じん》、つまり慈《いつく》しみと思いやりの道をもって民衆を愛する政治を行《おこ》なっているのに、民衆がそういったことに無関心で、道義《どうぎ》、つまり人の行《おこ》なわなければいけない正しい道に向《む》かおうとしないなどということはありえないことです。また、道義《どうぎ》に従っていれば、どんなことでも成功しないことはないのです。
そして、国のなかがこういう状態になれば、国の財産は豊《ゆた》かになり、知らず知らずのうちに赤字《あかじ》になって、なくなってしまっていたなどということは絶対にないのです。

※道義《どうぎ》は、人の行《おこ》なわなければいけない正しい道のこと。

利を以て利と為さず義を以て利と為す

孟献子《もうけんし》曰く「馬乗《ばじょう》を畜《やしな》えば鶏豚《けいとん》を察《さっ》せず。伐冰《ばっぴょう》の家には牛羊《ぎゅうよう》を畜《やしな》わず。百乗《ひゃくじょう》の家には聚斂《しゅうれん》の臣《しん》を畜《やしな》わず。其《そ》の聚斂《しゅうれん》の臣あらんよりは、寧《むし》ろ盗臣《とうしん》あらん」と。此《こ》れを「国は利を以《もっ》て利と為《な》さず義を以《もっ》て利と為《な》す」と謂《い》うなり。

孟献子《もうけんし》はいいました。馬を四頭飼うようになったら、鳥や豚を飼おうと思ってはいけません。氷を使える家柄になれば、牛や羊を飼うようなことをしてはいけません。戦車百台を持つ家は聚斂《しゅうれん》の臣《しん》をおいてはいけません。聚斂《しゅうれん》の臣《しん》をおくくらいならば、むしろ盗臣《とうしん》をおいた方がよいのです。国にとって財を得ることによる利益は本当の利益ではなく、道義《どうぎ》をもってこそ本当の利益だというのはこういうことなのです。

○本当の利益
魯《ろ》の賢大夫《けんたいふ》、孟献子《もうけんし》のことばです。大夫《たいふ》とは、周《しゅう》代、王の直轄地《ちょっかつち》における直属《ちょくぞく》の家臣《かしん》の三つの身分のうちの一つ。

家臣《かしん》には、上大夫《じょうたいふ》、大夫《たいふ》と士《し》があったが、上大夫は特に卿《けい》といわれました。大夫《たいふ》という、四頭立ての馬車に乗ることができる身分になったら、国家から俸給《ほうきゅう》を充分にもらっているのだから、もはや鶏《とり》や豚《ぶた》を育《そだ》ててわずかばかりの収益《しゅうえき》をあげるようなことは、下の身分の者たちに譲《ゆず》らなければいけません。

卿大夫《けいたいふ》という、夏の葬儀《そうぎ》や祖先の祭りに氷を使えるような家柄ともなれば、さらに高い俸給《ほうきゅう》をいただいているのだから、牛や羊を飼《か》うようなことをして一般民衆の仕事を奪《うば》ってはいけません。

百里四方の領地《りょうち》を持ち、戦時《せんじ》には戦車百台を出すことのできるような家は、その領地《りょうち》から自然にあがる税金で、充分家を養《やしな》っていくことができるのだから、領民《りょうみん》から、それ以上過酷《かこく》な重税をとりたてるような家臣《かしん》をおいてはいけません。このような家臣《かしん》を「聚斂《しゅうれん》の臣《しん》」といいます。

聚斂《しゅうれん》の臣《しん》がいるくらいなら、むしろ盗臣《とうしん》という、その家の財産《ざいさん》を盗《ぬす》むような家臣《かしん》がいる方がまだましなのです。なぜなら、盗臣《とうしん》ならば、家の財産を少しばかり減《へ》らすだけですが、聚斂《しゅうれん》の臣《しん》の方は、民衆をいじめ苦しめ、ついには国の根幹《こんかん》を破壊《はかい》してしまい、その被害《ひがい》は甚大《じんだい》だからなのです。

国にとって財物《ざいぶつ》を得《え》ることによる利益は本当の利益ではなく、本当の利益とは、道義《どうぎ》を実践し積み重ねていくことから生まれてくるものなのです。

※聚斂《しゅうれん》の臣《しん》は、領民《りょうみん》から、過酷《かこく》な重税をとりたてるような家臣のこと。
※聚斂《しゅうれん》の臣《しん》によって、衆心を失すれば、その弊害《へいがい》ははかりしれないものがあるのです。

財用《ざいよう》を務《つと》むる者は、必ず小人《しょうじん》を自《もち》う国家に長として財用を務《つと》むる者は、必ず小人《しょうじん》を自《もち》う。彼《かれ》はこれを善《よ》しと為《おも》えるも、小人《しょうじん》をして国家を為《おさ》めしむれば、災害並び至る。善《よ》き者ありと雖《いえど》も亦《ま》たこれを如何《いかん》ともするなきなり。此《こ》れを「国は利を以《もっ》て利と為《な》さず義を以《もっ》て利と為《な》す」と謂《い》うなり。

国家の長として、財産運用などばかりに力をいれる君主は、必ず小人《しょうじん》を用います。そのような君主は小人《しょうじん》を有能と思うのですが、このような人物に財政を任せれば、わざわいがつぎつぎに起《お》こることになります。こうなると、たとえすぐれた人物に対策を求めても、もはや手の施《ほどこ》しようもないのです。これが、国にとっての本当の利益は、財物からの利益ではなく、道義《どうぎ》を積み重ねていくことなのだということなのです

○道義《どうぎ》を実践し積み重ねていくこと

君主が身を慎《つつし》んで徳を積み絜矩《けっく》の道《みち》に従って、民衆を慈《いつく》しむのではなく、国家の長として民衆が辛苦《しんく》して得《え》た財産を、税《ぜい》として絞り上げ、自分の財産を増やすようなことばかりに力をいれる君主は、必《かなら》ず似《に》たような、欲深く、上に取り入ることのうまいやからを集めます。そしてそのような君主は、集まってきた中から自分に取り入り、特に民衆の膏血《こうけつ》〈辛苦して得た収益や財産〉を搾《しぼ》り取ることのうまい、才走《さいばし》った人物を手先に使うことになります。

こういった人物は目先の財産を一時的に増やすので、有能だと認められ、ますます重用《ちょうよう》されるようになります。しかしこれはとんでもないことなのです。

このような才走《さいばし》った人物に財用を任せると、とんでもない問題がつぎつぎに起《お》こることになります。いったんこうなると、たとえすぐれた人物が出て、問題を解決しようとしたところで、もはや手の施《ほどこ》しようもなくなるのです。

だから国にとって、直接的な利益を得《え》ようとする経済問題重視政策をとることは、本当の利益ではないのです。

本当の利益というのは、君主を始め民衆すべてが、道義《どうぎ》という、人の行《おこ》なわなければいけない正しい道を実践し積み重ねていくことから生まれてくるものなのです。

※膏血《こうけつ》は、辛苦して得た収益や財産のこと。
※才走《さいばし》った人物とは、才気が勝っていて抜け目がない人のこと。
※利を本とし、財を先にすれば、必ず弊害《へいがい》が生じるのです。
※小人に国家を治めさせれば、さまざまな災害が発生し、尽きることがありません。

古代の王朝と王たち

○伝説上の帝王
中国上代の伝説上の帝王である唐堯《とうぎょう》と虞舜《ぐしゅん》。この二人の帝王は、自《みずか》ら仁愛の徳を修め、その徳によって天下を治め理想的な政治を行ったといわれています。

堯《ぎょう》の都のあった平陽《へいよう》、舜《しゅん》の都のあった蒲坂《ぶはん》は、いずれも現在の山西省南部、黄河中流地域にあったといわれています。

○伝説上の国家、夏《か》王朝
舜《しゅん》のもとで黄河の治水事業に功績をあげた禹《う》が、舜《しゅん》の死後、諸侯から推挙されて王になり、十七代目の暴君、桀《けつ》が、殷の湯《とう》王に滅ぼされるまで続きました。都の安邑《あんゆう》は現在の山西省南部、黄河中流地域にあったといわれています。

○殷《いん》王朝
殷《いん》は、紀元前十七世紀~十一世紀にかけて黄河中流域を支配していた王朝。殷《いん》の祖先は契《せつ》といい、夏《か》王朝の臣下でした。殷《いん》十四代目の湯《とう》が、夏《か》王朝の暴君だった桀《けつ》をほろぼして王位につき、湯王《とう》となり、殷《いん》王朝をひらきました。三十代目の紂《ちゅう》は殷《いん》王朝最後の王で、酒色におぼれ政治をおろそかにしたため、周《しゅう》の武《ぶ》王によって滅ぼされました。

○周《しゅう》王朝

周《しゅう》の祖先は后稷《こうしょく》といい、伝説の王、堯《ぎょう》の臣下でした。周《しゅう》の十三代目の亶父《たんぽ》は、周《しゅう》の本拠地を陝西《せんせい》省にうつし、それ以後、周《しゅう》は西方の一大勢力となりました。

亶父《たんぽ》の孫である文《ぶん》王は、徳治を用いて近隣諸国、当時は邑《ゆう》といっていたようですが、この邑《ゆう》との間に、封土《ほうど》、つまり領地のこと。この封土《ほうど》を与える代わりに、軍役《ぐんえき》と租《そ》を受け取るという関係を築き上げました。

その子である武《ぶ》は、殷《いん》の第三十代の紂《ちゅう》王を破り、周《しゅう》は一小国から新しい王朝となりました（紀元前一〇五〇年頃）。

この後、武《ぶ》王は、まもなくして没し、その子供である成《せい》が即位したのですが、成《せい》王は幼年だったため、武《ぶ》王の弟の周公旦《しゅうこうたん》が後見人《こうけんにん》を務めました。成《せい》王の即位後、まもなく内乱がおきましたが、周公旦《しゅうこうたん》は反乱軍を撃破し、そのとき功労のあった臣下たちに封地《ほうち》をあたえ、周《しゅう》王朝と邑《ゆう》との関係を安定させることに成功しました。この後、四代昭《しょう》王や五代穆《ぼく》王のころ周《しゅう》王朝は最盛期をむかえました。特に文王《ぶんおう》と武《ぶ》王の二人は、周《しゅう》の歴史の中で、周《しゅう》の中興の祖という役割を担《にな》いました。

○都市国家邑《ゆう》と王朝

殷《いん》王朝から周《しゅう》の西周《せいしゅう》王朝の時代にかけて、城壁をめぐらせた大小の都市が無数に存在していました。この都市国家を邑《ゆう》といいます。この小さな国家である邑《ゆう》をまとめたのが、殷《いん》王朝や周《しゅう》王朝でした。

邑《ゆう》と王朝は、王朝が邑《ゆう》に領土をあずける代わりに軍役《ぐんえき》や租《そ》を受け取る関係で成立していました。邑《ゆう》は次第に大国に吸収され、戦国時代以降はたんなる行政区画的なものになってしまいましたが、春秋戦国時代初期までは存在していました。

○唐虞三代《とうぐさんだい》

ここまでの時代、唐尭《とうぎょう》、虞舜《ぐしゅん》の二代と、夏《か》、殷《いん》、周《しゅう》、三代を唐虞三代《とうぐさんだい》といい、中国の歴史の中で理想的な政治が行われた時代といわれています。

○周《しゅう》王朝の没落

十二代目の幽《ゆう》王は大師に尹《いん》を登用しました。尹《いん》は、国政の要職に近親者ばかりを起用したため王朝に内紛が生じ、その内紛に乗じて紀元前七七一年北方の犬戎《けんじゅう》が侵入し、幽《ゆう》王は殺され、宋周《そうしゅう》の都は陥落し、西周《せいしゅう》時代は終わりました。

太子の宜臼《ぎきゅう》は、東の成周《せいしゅう》の都にのがれ、翌年平《へい》王として即位し、それ以降東周《とうしゅう》時代となるのですが、もはや周《しゅう》王朝とは名ばかりの一小国となり、その後紀元前二五六年、秦《しん》によってほろぼされることになります。

○春秋時代

西周《せいしゅう》が没落したのち、周《しゅう》王朝は、紀元前二五六年、秦《しん》によってほろぼされるまでは、東周《とうしゅう》として存在しました。

この西周《せいしゅう》没落以降を春秋時代といいます。春秋時代に比較的大きな国として、晋(韓、魏、趙)、斉《せい》、秦《しん》、楚《そ》、燕《えん》、魯《ろ》、衛《えい》、曹《そう》、宋《そう》、陳《ちん》、蔡《さい》、鄭《てい》、、呉《ご》、越《えつ》が存在しましたが、本文に出てくる、王孫圉《おおそんぎょ》、晋《しん》の定公《ていこう》、楚《そ》の観射父《かんなしゃほ》、晋《しん》の文王《ぶんおう》、晋《しん》の献公《けんこう》、秦《しん》の穆公《ぼくこう》、魯《ろ》の孟献子《もうけんし》などが、この時代の人たちです。

本書を読んでいただいて

いま、あなたはどんな感想をお持ちでしょうか。

「古くさい」とか、「ちょっとおかしい」とか思われる方もいらっしゃるでしょう。

しかし、それはあなた自身の勝手なわがままな解釈なのです。本文にもありますが、学問というものは、先哲の知恵を素直に受け入れることから始まります。学ぶということは、自己を主張することとは正反対の行為です。「学ぶ」は「まねぶ」、まず、まねをすることから始まるといいます。自分勝手な解釈を捨て、まず受け入れること、それが何より大切です。

本書で紹介した「小学」「大学」は、数千年の長きにわたって伝えられてきたものです。わたくしたちが安易に批判できるほど軽いものではありません。どこかに疑問を覚えたとしても、それをかんたんに批判してすますならば、あなたは、精神の宝物を失うようなものです。まず素直に受け入れ、より深く学ぶことです。

しかし、現実問題として、謙虚に学ぶという行為はひとりきりではなかなかできるものではありません。学校であれ、会社であれ、自分の身辺に自分を導いてくれる「師」を持つことができないと正しい道を踏み外しやすいのです。だから「師」を持つことができた人は実に幸運です。

しかしそういう師を見いだせない方は、たとえばわたくしたちの勉強会「盛徳塾」に参加していただくという方法もあります。当塾は、八十八、九年の社団法人日本青年会議所経営開発第一小委員会のメンバーを中心にして、十一年前につくられたものですが、自分自身に謙虚に取り組む姿勢を持った方であれば、どなたでも歓迎します。

まえがきにもありますが、本書を刊行したのは、「現在の荒廃した教育のありように、人としての基本的な心構《こころがま》えのベースを提供したい」という思いからでした。実際、現在のこの日本の現状は目をおおいたくなるばかりです。少年による凶悪犯罪、不登校、いじめ、学級崩壊《ほうかい》、援助交際……、そんな言葉を新聞の見出しに見ない日はほとんどありません。

学校も家庭も、いや社会全体が歪んでいるのがいまの日本です。かつての日本には「孝行」や「行儀《ぎょうぎ》」という言葉が、ごく自然に暮らしにとけこんでいました。それがいまや死語と化してしまっています。二十一世紀を目前にしたいま、わたくしたちが乗り合わせたこの日本丸という船は、いったいどこに向かっているのか……、それを思うと、胸が痛みます。

わたくしたちは、ただ憤《いきどお》るか、目をおおうことで現状をやり過ごしています。それは、大人や親たちが自分の行動の規準にすべきものを失っているからではないでしょうか。自分の考え、生き方に確固たるベースを持てない者に、あとに続く者を教え育てることはできません。

世の大人や親に向けて発信した本書が、果たしてあなたの心に届いたかどうか、それだけがいま、わたくしたちの気がかりです。

盛徳塾脩斉会　e-mail: stj@mb.neweb.ne.jp
「わが子に帝王学を」編纂委員会

委員長　杉山文昭
委　員　石黒重孝
上田　弘
清水幹弘
陳内建司
八田高志
福本清一
藤澤秀敬
保科寛治
曲尾秀正
深山　茂
持田政明

わが子《こ》に帝王学《ていおうがく》を

明窓出版

平成十二年十一月十五日初版発行
著　者——堀川《ほりかわ》たかし
発行者——増本利博
発行所——明窓出版株式会社
〒一六四—〇〇一二
東京都中野区本町六—二七—一三
電話　（〇三）三三八〇—八三〇三
ＦＡＸ（〇三）三三八〇—六四二四
振替　〇〇一六〇—一—一九二七六六
印刷所——株式会社　シナノ

ISBN4-89634-058-2

ホームページ http://meisou.com　Eメール meisou@meisou.com

ノンフィクション

うちのお父さんは優しい
—検証・金属バット殺人事件—
鳥越俊太郎　後藤和夫

テレビ朝日『ザ・スクープ』で放映。衝撃の金属バット殺人事件の全貌。ジャーナリスト　鳥越俊太郎の真相解明!!制作ディレクター、渾身のドキュメント!!「いま家庭とは？　家族とは？　あなたは、関係ないと言えるか?!」

四六判　本体　一五〇〇円

北朝鮮と自衛隊
—日本海領海警備の攻防戦—
田中賀朗

北朝鮮来襲！　その時自衛隊は？？戦慄のドキュメント！　いま白日の下に1996年3月23日、我が国の日本海警備体制は崩壊した！　問題はどこにあったのか。韓国の防衛姿勢と比較しつつ、我が国防衛政策が抱える問題点を鋭く指摘した迫真の書

四六判　本体　一五〇〇円

脳死——私はこう思う——

医学・法律・宗教の各界の有識者が語る脳死論。阿部正和・有賀喜一・小坂樹徳・竹内一夫・上野正彦・千葉康則・水野肇・本間三郎・太田和夫・加藤一郎・植松　正・紀野一義・金岡秀友・観世栄夫・黒住宗晴・千家達彦・玉城康四郎・廣松　渉　他。一三誌紙から絶賛された永久保存に値する名著。

四六判　本体　一七〇〇円

男が決めた女の常識
相徳昌利

貴女は反発するかもしれない。でも、これが掛け値なしの僕たちの本音です。二十代三十代のビジネスマン二百人が勝手に決めた、なにがあってもゆずれない、女たちへの要求項目。女性必読！　男が読んでも面白い！

四六判　本体　一三〇〇円

女が決めた男の常識
相徳昌利

言いたい放題でごめんなさい！　でも、これが掛け値なしの私たちの本音です。二十代三十代のOL二百人が勝手に決めた、時代は移り変わってもゆずれない、男たちへの要求項目。男性必読！　女が読んでも面白い！

四六判　本体　一三〇〇円

精神世界

青年地球誕生——いま蘇る幣立神宮
春木秀映・春木伸哉

五色神祭とは、世界の人類を大きく五色に大別し、その代表の神々が「根源の神」の広間に集まって地球の

安泰と人類の幸福・弥栄、世界の平和を祈る儀式です。この祭典は、幣立神宮で遙か太古から行われている世界でも唯一の祭典です。

定価　一五〇〇円

神さまに助けられた極楽とんぼ　汐崎　清

「うあ〜！　緊急事態発生！　たすけて〜！」主人公が窮地（ガン告知）に追いつめられた。しかしそこには、信じられない『出来事』が待っていた。普段はノー天気な極楽とんぼの人生を送っていた主人公が体験したことは、理屈では説明できないけれど、【窮地に陥ったとき、そこには《ひょうきんな神様》がいた】という、本当の話である。読めば、「笑って、元気！」になれます。

定価　一四二九円

いま輝くとき
――奇跡を起こす個性の躍動――　舟木正朋

あなた方の個性は、この現世での躍動、活躍を待ち望んでいます。大自然の力はあなた方の内在している精神エネルギーです。この真実は、あなた方を本当の人生に導いていきます。

定価　一三〇〇円

こころ　舟木正朋

本音ってなんだろう。ふと立ち止まって、心を見つめてみませんか。いつのまにか本当の自分をどこかに閉じこめていませんか？　心は不思議な世界。なにげない気付きやひらめきから、思いがけない可能性が開けていく。そんな個性的な人生にしてみませんか？

定価　六五〇円

意識学――宇宙からの智恵――　久保寺右京

あなた自身の『意識』の旅は、この意識学から始まる。この本は、心だけでなく意識で感じながら読んでほしい。人は生き方の智恵とその記憶法を学ばなくては、何度生まれ変わっても同じ事である。これからは、確固たる記憶を持ったまま生まれ変わるようになって欲しい。

定価　一八〇〇円

悲母観音　谷口忠志

キラリと光るものに気付いてよくよく見つめると、胎児の入っている透明な球体が宙に浮かんでいた。胎児は困惑している様子であったが、呆然と立っている私を見つけると、球体に包まれたままふわふわと宙を漂って近寄ってきた。「悲母観音像」に寄せて……。「心の旅の物語」

四六判　本体　一三〇〇円

瞑想と安楽死―ある瘋癲老人の瞑想日記―

森島健友

金と無為で人生の末節を汚すな！　美しく老い、気高く死んでゆくために―　瞑想者が綴る警鐘の書。

四六判　本体一六〇〇円

社会評論

縄文杉の警鐘

三島昭男

「自然に反した生活をすれば、自分自身の健康を害するだけでなく、地球をも苦しめることになるのだ。自然の摂理にかなった生き方に帰ろう」「緑のペン」を朝日新聞に捧げた著者がいま、「七千年の縄文杉」を通して、人間と地球の危機に揮身の警鐘を打ち鳴らす！　日本の心を問いなおす「警世の書」

定価　一四八〇円

二十世紀分析――宗教自滅・哲学成立

坂口三郎

亡国五〇年、主権在米。国民主権はどこに消えたのか。新党は新政策から生まれるものであり、代議士の頭数から生まれるものではない。二〇世紀最後の巨人坂口三郎ひさびさの獅子吼！

定価　一〇〇〇円

世界貿易機関（ＷＴＯ）を斬る

鷲見一夫

本書は、ＷＴＯ協定の単なる解説書ではない。主眼点は、むしろＷＴＯ体制の問題点（何もコメの市場開放だけではなく、人類社会に対する種々の経済的・社会的・環境的な影響等）を明らかにすることと、これへの対応策を摸索することにある。新潟大学教授渾身の告発。

定価　二三〇〇円

住民運動としての環境監視

畠山光弘

自らの健康を守るために。完全に手遅れになる前に今こそ立ち上がろう！
誰にでもできる環境の監視方法を詳しく説明。産業廃棄物処理場問題に絡む住民運動を科学的側面から解説。家庭でもできるダイオキシン測定方法を紹介。

定価　二二〇〇円

ゼネコンが日本を亡ぼす

古舘　真

「このままでは日本は十年もたない」元大手ゼネコン社員がその実態を緊急告発！　公共事業は本当に必要か。日本の建設技術は優秀なのか。「日本人がこれだけ莫大な金額の建設費を負担している事を知れば、現状に寛容でいられる人は殆どいなくなるだろう」

定価　一三〇〇円

『「NO」と言える日本』への反論　古舘　真

『「NO」と言える日本』シリーズでは企業、特に大手メーカーなど生産者の立場からの意見ばかりが目立つ。消費者や労働者の保護という視点が完全に欠落しているのだ。アメリカを非難することによって、いかにも強い者に立ち向かっているかのように見せかけてはいるが、単に経営者の味方であるに過ぎない。

定価　一三〇〇円

迷走する経済大国　田中　満

年金、退職金がもらえなくなる。銀行、保険も危ない。愛国心も民族の誇りもなく、国益も考えない日本人。こんな日本に明日はあるのだろうか。気鋭の経営コンサルタントが、日本社会と経済の現状と未来を解き明かす警告の書。

定価　一三〇〇円

思想哲学

黙ってられるか！
――右翼『大行社』総師・岸悦郎の警告
渡辺正次郎

アインシュタインは日本を神国と予言した／『日の丸』掲揚せぬ神社庁の堕落／キャリア官僚の犯罪は極刑にせよ！／法華経を唱えるヒトラー『池田大作』は亡国の徒／現憲法を破棄、日本国憲法をつくれ！／21世紀、日教組教員、左翼言論人に神の裁きが下る！

定価　一四〇〇円

生きることへの疑問
――ありのままの自分でいきるための40章
永嶋政宏

「人間は何のために生きるのか」すべてを「心の旅」に委ねれば誰でも答えを出すことができる。「障害は人間を強くする不思議な力を持っています。そしてその強さとは、本当の弱さがわかる本当の強さだと思うのです」。幼い頃から重いハンディを背負った著者が歩いた「心の旅の軌跡」定価一三〇〇円

新／孔子に学ぶ人間学　戸来　勉　河野としひさ

苦労人、孔子の生涯をわかりやすく表現。失敗の苦しみをなめつくしながらも、決して運命に屈することなく生きた孔子の生き方にこそ、現代の学生やビジネスマンが学ぶ必要がある――早稲田大学総長・奥島孝康

日本図書館協会選定図書（人間孔子を描いた本では最初の選定）

定価　一〇〇〇円

星の歌　上野霄里

ヘンリー・ミラーを驚嘆させた男の最新作！

世界の芸術、思想界が注目する日本の隠者—「いちのせき」のUeno— この、天才に依って、［賢治］、［啄木］、［放哉］が、［ブレイク］、［ヴォルス］と共に、世界的視野のもと、全く新しい、輝く、星々の歌となった。＊尾崎放哉＊宮沢賢治＊アンリ・ミショー＊三野混沌＊ベケット＊北川広夫＊山頭火＊石川啄木＊村上昭夫＊ロートレアモンの詩歌に論及し、やがて、文明人の病む心、むしばまれゆく「言葉」の死の問題に鋭く迫る！

定価一九〇〇円

スーパートランキライザー　**渡部英樹**

「人はなんのために生きているのか」——現在医師である著者が、十年以上にわたりできうる限りのあらゆる手段を尽くして究明したテーマ。すべての人が納得せざるをえない究極的、普遍的、絶対的な答えがここにある。

四六判　本体　一三〇〇円

近思録—朱子学の素敵な入門書　**福田晃市**

朱子学を学びたい人のための学習参考書。この一冊で、朱子学者への確実な第一歩を踏み出せる。そしてこの混迷した時代を、迷うことなく生きていけるようになる。

文庫版　定価　八八〇円

無師独悟　**別府愼剛**

この本を手にとってごらんなさい。そうです。それが本当のあなたなのです。この本は、悟りを求めて苦悩している人　悟りを求める以外に道がない人　その為には「読書百遍」もいとわないという心の要求をもった人に読んで頂けたらと願っています。

「この本は、もともと筆者が平成六年頃までに書き留めていた私的な随想を基に、一編に纏め上げたものですが、そのきっかけはオウム事件でした」（後略）

四六判　定価　一八〇〇円

成功革命　**森田益郎**

平凡な人生を拒絶する人たちへ。夢を実現し、成功するための知恵が、ここに詰まっています。「人間には、誰にでも、その人だけに与えられた使命というものがある。そのことに気づくかどうかで、いわゆる酔生夢死の一生で終わるか、真の意味で充実感のある人生を送れるのかが決まるのだ」　定価一三〇〇円

小説

欠けない月　**風見　遼**

宗教の本質を問う衝撃の問題作！「だって、怖かった。新興宗教だから怖いんじゃない。あの人の言葉や考え方が、あたしにとって危険だったわけでもない。ただ、普通の生活からかけ離れすぎてた。あの人も

教団も……。なのに自分のいちばん大切な部分で必要としてる。そのことが、怖かった」　定価一八〇〇円

猫はとっても霊能者　橘　めぐみ

スリリングでホラーな猫のオカルト短編集。サイキックパワーの持ち主、あの「チャクラ猫」の創案者、橘めぐみがおくるクールな猫のエピソード。背すじも凍る五つの奇話。あなたはきっと最後まで読めないでしょう！

新書判　定価　九八〇円

ハヤト――自然道入門――　天原一精

自然へ帰ろう！　戦後「豊かな自然と地域社会」が父となり母となり、先生となって少年たちが育まれていく様を瑞々しい感性で生き生きと描く。山、河、森、鳥、昆虫たち……。忘れ去られていた自然への道が今開けてくる。

定価　一五〇〇円

薬　禍　中西　寛

一億総「薬浸け」の日本に大警告！　「まさか」で片づけることのできない現実が戦慄と共に迫る！　「薬害あって一利なし」の現状から、人類は逃れることができるのか！　「化学物質過敏症」「環境汚染」「食品汚染」etc.これらの大きな要因が「薬」への過信、「薬害」の軽視にあったとしたら…？

定価　一二〇〇円

ふたりで聖書を　救世義也

聖ヨハネが仕掛けた謎。福音書は推理小説だった？謎の「もう一人のマリア」の正体は？　「悪魔」と呼ばれた使徒の名は？　伝奇小説か、恋愛小説か、はたまた本格派推理小説か。新感覚の宗教ミステリー登場！

定価　一六〇〇円

教育・育児書

心のオシャレしませんか　丸山敏秋

幼児開発にとって大切なことは、まず「母親開発」です。具体的でわかりやすい内容で、さまざまなテーマが盛り込まれており、すぐに役立つ事柄も多いでしょう。子育て中のお母さんお父さんはもちろん、広く世の女性に読んでいただきたい本です（井深大ソニー名誉会長推薦）

B六判　本体　一二〇〇円

親と子のハーモニー　丸山敏秋

心のオシャレ・パートⅡ。現代社会で子どもたちに大事なものは何なのか、何が必要なのか、そこのところを親としてしっかりと見極め、時流にただ流されるのではなく、自分の流儀で、信念をもった子育ての方針を立てることが大切。

B六判　本体　一二〇〇円

若き母親に贈る書　**大庭俊一郎**

親がいるために子が育たない！　そんな時代が来ているような気がします。この記録は、種々の報道に右往左往する教育ママ達に、大きな示唆を与えることでしょう。精神医学者が、幼児教育の大切さをあなたに。

B六判　本体　一三〇〇円

実用書

治癒のスイッチが入るとき　**東山明憲**

「治る」を超えて「元気」になるために。がんになることは決して特別な事ではない。私達の体内にはがん細胞がうようよしていて、ちょっとしたきっかけで悪いがんになってしまうし、良いがんのままでいることもできるのだから…。―西洋医学、自然医学、心理療法など、あらゆる方法の中から、病状、患者の性格、要望、体調などにあわせて、その人に最も適した治療を施すこと―それが私の目指す統合医療である。

新書判　本体　一二〇〇円

太陽の秘薬　春ウコン　**編集部編**

春ウコンは、暖かい地で太陽をいっぱいに浴びて育った、純粋な自然食品です。南国沖縄の、太陽の光エネルギーをふんだんに含んでいます。この、驚異の生薬、春ウコンを飲んで病気から救われた人々の体験記を中心に、歴史、効能、そして食材としての料理法まで、この一冊ですべてがわかります。

B六判変形　本体　九八〇円

現役人事部長だから書ける　面接必勝法
――サクセスへの道――　**谷所健一郎**

マニュアルだけでは成功しない。テクニックだけの面接はもはや通用しない。1万人以上の面接経験を持つ著者がマインド、技術、傾向と対策すべてを明かす！　これから面接を受けるあなた！　これを読んでサクセスして下さい。

四六判　本体　一三〇〇円

最新スチュワーデス　実践面接対策
日本スチュワーデス学院編

面接試験はこれで決まる！コンパクトですが、あなたの知りたい情報がいっぱい詰まってます。ハートに触れる面接を。

四六判　本体　一一四三円